顧校長
夫人 敬正

淺山子[illegible]
[illegible]
中華民國
10年10

翰墨生涯

杜維運 著

三民書局總經銷

國家圖書館出版品預行編目資料

翰墨生涯／杜維運著.——初版一刷.——臺北市:
杜維運發行: 三民總經銷, 2010
面; 公分

ISBN 978-957-41-7394-5 (平裝)

1. 杜維運 2. 史學家 3. 臺灣傳記

783.3886 99014383

© 翰墨生涯

著作人	杜維運
發行人	杜維運
總經銷	三民書局股份有限公司
	地址 臺北市復興北路386號
	電話 (02)25006600
	郵撥帳號 0009998-5
門市部	(復北店)臺北市復興北路386號
	(重南店)臺北市重慶南路一段61號
出版日期	初版一刷 2010年8月
編號	C 00360

行政院新聞局登記證局版臺業字第〇二〇〇號

ISBN 978-957-41-7394-5 (平裝)

一九五九年（民國四十八年）台大歷史研究所畢業合影。
前排左起：方豪、李宗侗、劉崇鋐、沈剛伯、勞榦、陳荊和。
後排左起：施璧倫、楊景鸝、何今、杜維運、吳衛平、張存武。

沈剛伯（中）與杜維運（左二）。

B A
C

A 左二起：李邁先、杜維運、夏德儀、傅樂成。
B 左起：杜正勝、杜維運、劉崇鋐、劉石吉。
C 前排左起：許倬雲、姚從吾、李濟。

B	A
C	

A 左起：王國瓔、王叔岷、杜維運。
B 左起：孫雅明、臺靜農、杜維運。
C 左起：杜維運、李玉燦、黃維三。

B	A
C	

A 孫雅明（左）與杜維運。
B 杜宗蘭（左）與杜維運。
C 左起：孟子敏、杜維運、唐文典、魯寶霖、陳福祥。

B	A
C	

A 杜維運（左）與鄭德坤伉儷。
B 吳協曼（左）與杜維運。
C 左起：杜宗騏、孫雅明、杜維運、杜宗驥。

左起：杜維運、饒宗頤、楊聯陞伉儷、孫雅明。

左起：杜維運、饒宗頤、楊聯陞。

左起：李家樹、馬蒙、章群、柳存仁、杜維運、單周堯。

杜維運伉儷（後）與萬一鵬（前排左起）、孫文斗、牟潤孫。

左起：杜維運、牟潤孫伉儷、嚴耕望伉儷。

左起：劉先生、魏白蒂、牟復禮、杜維運。

左起：黃啟華、林光泰、杜維運。

杜維運伉儷。

A
B
C

A 左起：杜宗驥、杜維運、孫雅明。
B 左起：杜宗麒、孫雅明、杜維運、杜宗蘭、杜宗驥。
C 左起：杜宗驥、杜宗蘭、杜維運、孫雅明、杜宗麒。

杜維運。

左起：程光裕、宋晞、札奇斯欽伉儷、張其昀、黎東方、唐德剛、杜維運。

左起：易君博、關沁恆、杜維運、何佑森。

左起：陳捷先、札奇斯欽、杜維運、王壽南。

左起：李惠勇、孫雅明、杜維運、尹章義。

左起：張哲郎、孫雅明、杜維運、劉振強。

杜維運（左）與關沁恆。

左起：孫雅明、杜維運、莫洛夫伉儷。

前排左起：陳岱威、杜亦明、杜欣恬、杜欣倫、杜宗蘭與洪于雯（後）。

左起：杜維運、孫雅明、張芝聯。

左起：孫雅明、懷特、杜維運。

左起：伊格爾斯、杜維運、懷特、胡逢祥。

翰墨生涯

【目次】

輯二　附翰

前 言

㈠

魏文帝曹丕於〈典論論文〉云：

> 文章經國之大業，不朽之盛事。年壽有時而盡，榮樂止乎其身，二者必至之常期，未若文章之無窮。是以古之作者，寄身於翰墨，見意於篇籍，不假良史之辭，不託飛馳之勢，而聲名自傳於後。❶

魏文帝肯定文章的價值，將「寄身於翰墨」，作為生活的目標，這是開創了人生的「翰墨生活」。所以他以帝王之尊，與當時徐幹、陳琳、應瑒、劉楨、吳質等文人密切過從。「行則連輿，止則接席」，「觴酌流行，絲竹並奏，酒酣耳熱，仰而賦詩」❷。史書上稱他「天資文藻，下筆成章，博聞彊識，才藝兼該」❸，並非虛譽。「古人賤尺璧而惜寸陰，……而人多不強力，貧賤則懾於飢寒，富貴則流於逸樂，遂營目前之務，而遺千載之功。

日月逝於上，體貌衰於下，忽焉與萬物遷化」❹，則是他的感慨與悲傷。

在政治上，魏文帝平平庸庸。在文壇上，一篇〈典論論文〉，千古稱頌。四十年的生命，馳騁翰墨，千載慕其盛名，人生得失，自此盡見。以致到晚清時代，忙於變法的康有為，也「喜作人間翰墨神仙」❺。熱衷於政治，康氏並沒有真正成為「人間翰墨神仙」，只留下了嚮往。

(二)

社會人群，形形色色，生活各異。

帝王將相的生活烜赫，富室巨賈的生活奢靡，然皆難持久，往往不旋踵而盡成雲煙。鄉村農夫，城市小民，生活平靜，波瀾不興，然每每「懾於飢寒」，遇災荒之年，值盜起之日，則千里流散，相繼溝谿。「喪亂已酷，屠割如雞豚，野死如蛙蚓，驚竄如麕鹿，餒瘠如鳩鵠，子視父之剖胸裂腑而不敢哭，夫視妻之彊摟去室而不敢顧，千里無一粟之藏，十年無一薦之寢。」❻平民的生活，有時悲慘如此。

英國史學家費雪（H. A. L. Fisher, 1865–1940）在其大著《歐洲史》（*A History of Europe*）中描述義大利人文主義者的靜寂、高雅的生活云：「他們的周圍都是書籍與文獻。……人文主義學者尼可羅德尼可里尼(Niccolo de' Niccoli)擁有八百種手跡的圖書館係佛羅稜斯(Florence)榮譽之一。……他的外表端正和悅，往往笑容可掬，措辭溫雅；他穿着曳地的大紅長袍；從未結婚，因此可以專心研究，不受妨礙。」❼這是在社會人群中，增添了文人學者的生活，令人豔羨。

文人學者的生活，是一種翰墨生活。藉尺翰以抒意，假寸墨而暢懷，或寫千古史蹟，或述一代紛紜，都是「見意於篇籍」，以翰墨度歲月。司馬遷隱忍苟活，函糞土之中而不辭，是為了寫成「究天人之際，通古今之變」的《史記》，獄中猶奮筆不已，這是一生「寄身於翰墨」。鄭樵在夾漈山中三十年，「困窮之極，而寸陰未嘗虛度，風晨雪夜，執筆不休，廚無煙火，而誦記不絕」❽。往往「寒月一窗，殘燈一席，諷誦達旦」❾。翰墨生活，又艱苦如此。

翰墨生活最怡神處，是與良友「行則連輿，止則接席」，「觴酌流行，絲竹並奏，酒酣耳熱，仰而賦詩」。清代文人學者聚會之時，「尊酒流連，談噱間作，時復商榷古今，上下其議論」❿。學術上的珍貴成績，往往自此類文酒之會，不期然而產生。

翰墨生活，也不時遭遇厄運。觀韓愈〈答劉秀才論史書〉云：

孔子聖人，作《春秋》，辱於魯、衛、陳、宋、齊、楚，卒不遇而死；齊太史氏兄弟幾盡；左丘明紀春秋時事以失明；司馬遷作《史記》，刑誅；班固瘐死；陳壽起又廢，卒亦無所至；王隱謗退死家；習鑿齒無一足；崔浩、范曄赤誅；魏收夭絕；宋孝王誅死；足下所稱吳兢，亦不聞身貴而令其後有聞也。夫為史者，不有人禍，則有天刑，豈可不畏懼而輕為之哉！[11]

寫歷史，「不有人禍，則有天刑」，是令史學家毛骨悚然之說。古今中外史學家永遠居於最危險的地位。權勢人物 (men in authority) 有強烈慾望掩蓋真理，史學家直書，蘭摧玉折是必然的。中外大史學家每遭流放之運，非出偶然。因流放而留良史，則係收穫。所以翰墨生活中的史學家，心理上須有準備。「畏禍懼死」，「曲筆逢迎」，將是「記言之奸賊」[12]，千古之罪人。

翰墨生活留下的成績，自然不盡理想。自文明的角度，留翰墨成績，則翰墨將是淑世的大業，文化之盛事。不然，禍棗災梨充斥，人類命運，將歸何處？

(三)

近百年來，是中國歷史上的大時代。數千年的君主專制政體結束，自由民主，出現人間。獨夫不見，人皆堯舜，生於斯世，豈非大幸？然而新政權以共產均富之名，行清算鬥爭之實，摧毀善良，橫肆殺戮，殘忍至極。及天下大定，猶如火如荼掀起血腥的文化大革命，千古浩劫造成，斯民之命糜爛！中華民國政府播遷台灣，振興經濟，發展學術，實行民主，舉世稱譽，而民選的總統，貪腐破了世界記錄。八年之中，竭其聰明才智於弄權納賄，海外洗錢千百億，猶曰清白；官邸收現金，專車疏散，滿街飛馳，相挺者仍聲援支持，不捨晝夜；其尤甚者，是徹底破壞了文化道德！一國元首，誠信全無，道德蕩盡，所言者皆謊言，所行者盡詐偽，是非真偽善惡的標準，全不遵守，人類的大災難，真將自此開始了！

讀史至民國初年，所最不能接受者，是陳獨秀、魯迅一類人物之說。陳獨秀為了科學、民主，非要「破壞孔教，破壞禮法，破壞國粹，破壞貞節，破壞舊倫理，破壞舊藝術，破壞舊宗教，破壞舊文字，破壞舊政治」不可⑬。魯迅在《狂人日記》中則說：「凡事總須研究，才會明白。古來時常吃人，我也還記得，可是不甚清楚。我翻開歷史一查，這歷史沒有年代，歪歪斜斜的每篇上都寫着『仁義道德』幾個字，我橫豎睡不着，仔細看了半夜，才從字縫裡看出字來，滿本都寫着兩個字是『吃人』。」將「仁義道德」看成吃人，這真是匪夷所思了。陳獨秀、魯迅只是個人的狂想，到中華民國的總統而實踐，誰說人類還有前途可言呢？

(四)

我是這個大時代的小人物。年輕時代，日軍侵華，國共內戰，家鄉狼煙遍布，流亡天涯，遂成命運。從一九四四年（民國三十三年）到一九五〇年（民國三十九年），六年之間，大江南北逃奔，生命猶如游絲。一九五〇年夏天到台灣，進入大學，生活暫定，而時時「懾於飢寒」。不得已以投稿維生，翰墨生活，自此開始。任教大學以後，研究寫作是職業，數十年「寄身於翰墨」，遂成正常。成績累積，亦有可觀，然而是否有縷述的價值呢？

只為稿費，不為其他，是我開始翰墨生活的單純動機。待任教大學，生活安定，才有了為學術而翰墨的目標。史學史、史學理論、史學方法與比較史學，是我所最神往的研究園地。所寫成者，如《史學方法論》、《中國史學史》、《與西方史家論中國史學》、《中西古代史學比較》、《中國史學與世界史學》等書，都是這方面的作品。寫作時間，每在早晨，乘興揮筆。「從容率情，優柔適會」[14]，劉勰的理論，完全作了我的引導。文稿鈔寫，親自動手[15]；文集編輯，多出自編[16]。如此者幾十年，習慣養成，變成生活，一天缺少，若有所失。猶幸身旁有容我之人。

著述家將著述的情況，赤裸裸呈現給讀者，是應有的責任。著述的動機，著述的經緯，著述的思想與態度，著述者不言，讀者將如墮入雲霧之中，難以窺其真相。司馬遷如果不寫〈太史公自序〉，如果留不下來〈報任少卿書〉，《史記》將不易瞭解。為述作「冠冕」之《左傳》[17]，作者左丘明未有片語談及寫作情形，致使後世懷疑《左傳》是否出於左丘明之手。英國史學名著《羅馬帝國衰亡史》(*The History of the Decline and Fall of the Roman Empire*)，以作者吉朋 (Edward Gibbon, 1737–1794) 寫了自傳[18]，而神采益顯。史學思想家柯靈烏 (R. G. Collingwood, 1889–1943) 在寫完《歷史思想》(*The Idea of History*) 一書以後，也寫了《自傳》(*An Autobiography*)[19]，進一步暢言其歷史是思想重演之說。一生著述，晚年自述著述生活，是自娛也有益於讀者。

(五)

曹植〈與楊德祖書〉云：

僕少小好為文章，迄至于今，二十有五年矣。然今世作者，可略而言也。昔仲宣獨步於漢南，孔璋鷹揚於河朔，偉長擅名於青土，公幹振藻於海隅，德璉發跡於北魏，足下高視於上京。當此之時，人人自謂握靈蛇之珠，家家自謂抱荊山之玉。吾王於是設天網以該之，頓八紘以掩之，今悉集茲國矣。⑳

曹魏時代，人才畢集，學術氣氛濃厚，所以「以翰墨為勳業」㉑，成為時尚。由此而言，翰墨成績，須在一個學術氣氛濃厚的環境中，始能出現。個人天才，僅是條件。空谷足音，缺乏共鳴，終將消音於清寂之中。

中華民國政府在台灣，海峽風雲變幻，形勢危如累卵。在此環境下，學術界所表現出來的，是戰兢奮發。大學中從校長到教授，悉心教導學生，真情愛護學生，這是在承平時代所難以看到的情況。以我個人而言，校長及老師們對我的愛護，已非筆墨所能形容。飄流中無依無靠，驟然得此，豈不歡欣？能不奮發？當時學術氣氛濃厚，課堂之上，討論熱烈（指研究所的課程而言）；聚會之時，互相質疑；一篇文章發表，口頭稱許者時有㉒；一本著作寄出，來翰評論者不絕㉓；講學歐美的學人，亦遙相呼應，參與其盛。情況如此，學術發展，豈不趨於蓬勃興盛？大凡環境安定，研究者不孤寂，共鳴者在周圍，互相勉勵，自由抒發，學術成績，必然琳琅呈現。這猶如定律，不是渲染。

㈥

書信與日記，是翰墨生活中的潤飾與調劑。朋友之間，相去遙遠，而一翰可以通聲息，述胸懷，自由發揮，無拘無束，痛快之事，無過於此。生活起居，每日記載，所見，所聞，所思，皆作論述，日記無異史官的記錄。我沒有寫日記的耐性，多次嘗試，輒皆中止㉔。寫信則數十年成為習慣，從仰慕的前輩，到同年好友，從遊弟子，皆魚雁往返，論學述情，歡欣無比。所珍存的翰件，已無法用數字計算。其中述情者須密存，論學者基於「學術天下公器」之義，發表應為適當。而且這類論學信翰，是西方史學家所最珍貴的無意史料，聽其塵封，豈非損失？書信有為發表而寫者，無意發表者更率真親切，選擇附於後，想為學林所樂見。

翰墨一生，良緣亦由翰墨而結，故樂述《翰墨生涯》真相，惟幸海內外博雅君子教正之。

註釋：

❶《文選》卷五二。

❷同上卷四二〈文與吳質書〉。

❸《三國志・魏文帝紀》評。

❹同❶。

❺在溫哥華（Vancouver）商業區有一家玉騏麟餐廳，有康有為所寫的一副對聯，上聯是「樂見天下賢豪長者」，下聯是「喜作人間翰墨神仙」。

❻王夫之《讀通鑑論》卷二七。

❼H. A. L. Fisher, *A History of Europe*, Edward Arnold & Co., 1936, p. 451.

❽《鄭樵文集》卷二〈獻皇帝書〉。

❾同上。

❿胡承珙〈消寒詩社圖序〉。

⓫馬其昶《韓昌黎文集校注》，外集上卷。

⓬劉知幾《史通・曲筆》篇。

⓭《獨秀文存・新青年罪案之答辯書》。

⓮《文心雕龍・養氣》篇。

⑮ 清鈔文稿時，聽平劇卡帶或CD，是最為享受的。寫作時則分神。

⑯ 我的幾本論文集《學術與世變》（環宇出版社，民國六十年五月初版）、《聽濤集》、《清代史學與史家》、《憂患與史學》（東大圖書公司，民國八十二年一月初版）、《歷史的兩個境界》（東大圖書公司，民國八十四年一月初版）、《變動世界中的史學》（北京大學出版社，二〇〇六年九月第一版），除了《聽濤集》外，皆我自己編輯。另外出版的《中國史學史論文選集》一、二（華世出版社，民國六十五年九月初版），係與黃進興合編；《中國史學史論文選集》三（華世出版社，民國六十九年三月初版），係與陳錦忠合編；《史學方法論文選集》（華世出版社，民國六十八年十二月初版），係與黃俊傑合編。

⑰ 《史通・六家》篇。

⑱ Edward Gibbon 於完成其大著後，寫了"Memoirs of My Life and Writings"，述其寫作經緯，後人為其編成 *Gibbon's Autobiography* (Routledge & Kegan Paul, 1970, edited by M. M. Reese) 一書。實際上，Gibbon 的自傳，永遠沒有寫完整。

⑲ R. G. Collingwood, *An Autobiography*, Oxford University Press, 1939.

⑳ 《文選》卷四二。

㉑ 同上。

㉒ 我發表過的單篇文章，如〈歷史文章〉、〈引書論〉、〈錢大昕之史學〉、〈全祖望之史學〉、〈傳記的特質和撰寫方法〉、〈民風與國運〉、〈一部柔美的歷史〉、〈歷史的兩個境界〉以及〈一生傲骨，十

年沉疴——史學家傅秀實先生鱗爪〉等，都曾受到口頭稱美。這種稱美，不完全是交際語言，而有鼓勵的真情，存於其中。缺乏這種鼓勵，可能文章就寫不下去了！

㉓ 詳見〈寫在附翰前〉。

㉔ 老友孫彥民、盧毅君、楊道淮諸兄，在流亡天涯之時，寫日記不已，令人佩服萬分。毅君兄據之以寫成《浪跡江湖一甲子》一書（秀威公司，二〇〇七年十二月第一版），道淮兄則直接出版了流亡學生日記，我存有第二冊《烽烟赤地萬姓奔逃》（東大圖書公司，民國九十一年元月初版）。

輯一

生涯紀實

第一章　從少年時代說起

——一九二八年至一九四三年

我的少年時代，幾乎是一片空白。對於一生研究歷史的人而言，這是很大的諷刺。長年飄流，無長老詢問，鮮文獻可稽，所知茫茫，所憶模糊，以云信史，豈不甚難？

我於一九二八年（民國十七年）十二月十一日生於山東省嘉祥縣土山橋，一個偏僻的農村。

父親諱傳誼，在我出生之時，他已離開人間❶，母親帶我及姐姐長大。姐姐比我大三歲，未曾讀書。比我大二十歲的哥哥，是異母所生，以病早世❷。大嫂及姪女同住家中，母親待之甚寬厚，一家和睦相處，鄰里稱羨。

父親一生務農，據說他很有經濟頭腦，置田產數百畝❸，在村中算是首富。母親以一弱女子，接手經營，遭遇的困難重重。沒有內憂，卻有外患，是當時我們家的情況。母親於夜深人靜時，常歎息傷感。不過，她不希望我接管家產，只希望我讀書明理。這是母親的遠見。

進小學後，我並不用功，曾有過逃學的記錄。記得有幾天，我準時上學，準時回家，實際上我不曾去學校，而是到處遊逛。幾天後，老師遇到母親，問道：「你兒子怎麼不上學？」「上學啊？」真相揭穿後，母親痛罵我一頓，從此我不再興起逃學的念頭了。到處遊逛，也真無聊！

小學讀了三年，到另外一個村莊考高等小學。考試中的作文一科，我最後交卷，四顧無人，心裡發慌，監考老師讓我慢慢寫。題目是寫「夏日的農夫」，我描述在烈日炎炎下農夫耕種的辛苦，差不多寫了一千字，下課鐘響才交卷。十幾天後看榜，考中第二名，作文大概幫了大忙。當天監考老師，就是國文老師。從此我對作文發生了極大的興趣，閱讀課外書，蒐集美麗辭彙，變成我的嗜好。

高等小學讀了一年，日軍侵華，華北迅速淪陷，學校解散，輟學家中一年。大約從一九四〇年（民國二十九年）到一九四三年（民國三十二年），四年之間，我進入私塾讀書。前兩年的老師，新舊學兼通，上午教《左傳》、《古文觀止》，下午教代數、幾何。七天作文一次，發作文時，八、九個學生，站在老師桌前，聽其評論。每次發作文，皆排名次，優者居前。我的作文，常排首名，也偶落後。落後時，心頭鬱悶，激發了我的讀書毅力。我自訂於放學回家後，從六點到深夜十二點，不間斷的讀書六小時，並且寫下艱澀而欠通的座右銘：「孜孜讀書六小時，堅不稍懈。」十一字猶清清楚楚印在腦海之中。所讀之書，新文學作品以外，主要為梁啟超的《飲冰室全集》，看不懂就查《辭源》。如此者半年，梁啟超的「新民體」，被我學來了❹，作文排名趨於穩定了，我也成了病人，咳嗽不已，四肢無力了！

休學養病數月，又進入另外的私塾，一間極為標準的舊式私塾，老師有秀才的水準，嚴格非常，每天看住學生，背誦四書、五經、古文以外，須讀《綱鑑》❺，以瞭解歷史大事。五天作文一次，題目分經義、史論兩類。經義所以解經，第一次的題目是「夫人不言」，係自《論語》中出的題目。《論語・先進》篇孔子稱讚弟子閔子騫「夫人不言，言必有中」，意思是說閔子騫不開口講話，開口講話，必然適當。我感覺不開口講話，有什麼好寫呢？於是就在「言必有中」上發揮。發作文時，看到老師把我的作文全部用粗筆劃掉，重新寫了一篇。他說：「你的文章犯下。寫文章，不能犯上，也不能犯下。要守住範圍寫。」私塾老師，改文章太認真了！

史論題目，一次命題為「漢武帝論」。我因受梁啟超的影響，讚揚了漢武帝開疆拓土的大功。發作文時，老師很生氣的說：「漢武帝窮兵黷武，疲中國以事四夷，怎麼能讚揚？此文議論荒謬，必須重寫！」我重寫後，痛快淋漓的罵了漢武帝一頓，老師於是欣

然曰：「這就對了！」❻

到一九四三年（民國三十二年）年底，我離開了私塾，我的少年時代，也就過去了。

少年時代不正常的教育，奠定了我的國學基礎。古文數十篇朗朗上口，《論語》、《孟子》、《左傳》熟於胸中，作文嚴守義法，不敢逾越，這種訓練，在新式學校中，怎有可能？天下事利弊得失參半，往往如此。

註釋：

❶ 我是遺腹子，與父親未曾見面。父親兄弟六人，排行第二。伯叔父情況，我已不甚清楚。母親張莊人，靠近土山橋。其時婦女無名諱（我們家鄉的情況是如此），稱杜張氏。

❷ 大哥維彰畢業於山東省立曲阜師範學校，年二十八歲溘逝。英俊爽朗，是大哥的寫照，其書法尤美，工魏碑。姪女芝蘭，比我小兩歲。

❸ 與伯叔分家時，父親所分財產僅數十畝，何以以一農夫致富，已非小子所能知！惟父親未入宦途，決不貪腐，可以斷言。

❹ 我寫文言文，模倣梁啟超，很多朋友如此講，自己也感覺到，大概與少年時苦讀《飲冰室全集》有關。猶憶在香港大學中文系講授「中國近世學術思想史」時，一位女學生突然問我：「你是不是梁啟超的學生？」我受梁啟超影響之深，自此可見。

❺ 《綱鑑》是編年史的一種。明清時代史學家採用朱熹《通鑑綱目》體例，編纂歷代史，簡稱《綱鑑》，如明代王世貞的《綱鑑》即其例，其書在私塾中極為流行。書商帶其書遊走各村莊之中。另外《古文釋義》（非《古文觀止》）、《東萊博議》也是私塾中流行的課本。《古文釋義》其書，現在已找不到。

❻ 舊式私塾，訓練考秀才，所以作文出經義、史論兩類題目，經義必須以朱注為準，史論必須正統。此外，在舊式私塾中，天天練字。大小字同時練。我練魏碑，學大哥，卻遠不如。

第二章 流亡時代

——一九四四年至一九五〇年

從一九四四年（民國三十三年）一月離家赴濟寧，到一九五〇年（民國三十九年）六月抵台灣，六年多的時間，是我的流亡時代。抗日戰爭與國共劇戰，製造了千千萬萬流亡學生，我是其中之一，是躬逢其盛，還是命運悲慘，現在已沒有感覺。

舊式的私塾，讀久以後，對一個年輕人而言，毫無前途可言。科舉時代，畢竟已經過去了。一位有遠見的長輩，勸我到濟寧發展。濟寧離嘉祥不遠，是一個有文化的都市。

一九四四年的暑假，我參加了山東省立濟寧中學高中部的考試。小學沒有畢業，初中三年沒念，我怎麼能考高中呢？在此應當坦誠的說，我買了初中畢業的假證件。考試時英文幾乎交了白卷，代數、幾何我學過，考了滿分，僥倖考取，意外興奮。弄假成真，真假難辨，歷史，歷史，何等茫然？

初入學，英文、日文，受到考驗。別人已讀了三年，自己須從頭開始，怎麼能趕上程度呢？當時日文每禮拜六小時，一小時由日本老師教會話，五小時由中國老師教課文，進度極慢，容易應付。英文就不然，老師飛速講授，每禮拜三小時的課，比日文的負擔，重一倍以上。同學們的精力，皆用在英文上。我最初請了一位英文補習老師，將全部英文課文，翻成中文，中英文一齊背誦，藉此應付考試。第一次考試，考了七十分，以後就上升到八十分以上。「考試高手」，是同學們對我的印象。英文發音差，基本程度不夠，則是無法彌補的缺陷。

高中的數學，三角、大代數，我輕鬆應付，不費時間。中文已放在腦後，雖然老師對我稱許不已。自然也有對我持懷疑態度的老師。一位趙老師在我的作文上批了「非廬山真面目」幾個字。我怎麼辨白呢？有時他坐在我旁邊兩小時，看我寫。我用文言寫，一千字的作文，不用修改，及時交上。趙老師說：「你的記憶力真好，能將別人的文章，全部背下來！」

中學的分數，是所有科目加在一起平均的。音樂、體育、軍訓與英文、數學、國文佔同樣的分量。我的音樂、體育、軍訓分數，在及格邊緣，到七十分，就有了同情分數。因此我的總成績，排不到一、二名，徘徊在三、四名之間，已是幸運。有一次卻意外出了大風頭：

一九四五年（民國三十四年）八月日本無條件投降，政府接收敵偽組織，濟寧中學是敵偽學校，自然在被接收之列。接收的新校長，宣布全校舉行一次總考試，只考國文、英文、數學、常識四科。考試結果，全校不及格者佔多數，我考了第一名。極為偏愛我的戚老師當着全班同學說：「別怪我偏愛杜維運，他總平均九十三分以上，比第二名多了十分。」❶一時我在學校裡聲名大噪。

好景不常，國共劇戰，濟寧失守，從此流亡濟南，真正飄泊天涯，那是在一九四六年（民國三十五年）的一月。到濟南後，政府適時設立山東省立第二臨時中學，我參加了插班考試，順利考取，與濟寧中學的學歷銜接起來，以致到一九四七年（民國三十六年）六月畢業，我正式拿到了高中畢業文憑，珍之如球璧！

在讀完高中二年級時（民國三十五年七月），我曾以同等學力資格，報考設立在青島的山東大學國文系，出乎意料考取。考慮自己沒有一張文憑，就自動放棄入學了。

流亡中高中畢業，正自慶幸，而家中的不幸消息傳來。母親在我畢業前的數月，無辜的慘遭共黨毒手！呼天號地，椎心泣血，為人子者，風木之悲，蓼莪之思，又豈能已！朗朗乾坤，錦繡大地，戰爭未起，而頓成屠場。富有而實際善良的農民，學識淵深，望重一時的儒雅紳士，皆無辜而被殺戮。這是什麼樣的一個世紀呢？

母親遇害後，我的經濟來源斷絕，而當時我的智慧，像是與晉惠帝在伯仲之間。我不大清楚沒有錢沒法活下去！本來畢業成績優良，學校保送我進南開大學，我卻執意坐飛機去南京，報考中央大學與交通大學。飛機票昂貴，到南京後，所剩生活費用無幾，不得已將棉被送進當舖（當時無物不可當），幸虧服務傘兵部隊的堂兄杜維英從長沙回南京，借我法幣三十萬元，才算解除了危機。

中央大學招考學生一千人，報考者四萬人。交通大學報考學生不如此之多，而考取的難度更大。國文科題目即極難，數學、物理、化學則全用英文出題。看到題目後，如看天書一般。北方那有用英文講授數學、物理、化學的學校呢？全部無法作答，考取已不可能。也深深感覺人外有人，天外有天，驕傲之氣，自矜之習，霎時間一絲也不存了！頹喪中回到濟南，走頭無路，一片茫然！

想去南開大學，時間上已來不及，生活也即陷絕境，而奇蹟就在此時發生：

在二臨中畢業之時，財政部直接稅局在濟南招考稅務員，我們全班數十位同學，幾乎都報了名，人人知道考取的希望渺茫，只是想試試運氣，謀一生路。所考科目會計學、經濟學都很專門，臨時抱佛腳，難以考出好成績。同學中只有一位有準備，其他皆是陪考。考試結果，一名正取，一名備取。備取就是我。我怎麼能考取呢？是否又是作文幫了大忙？作文題目是「取之於民，用之於民，雖加民賦，不為民害論」，讓我現在寫，也寫不好，當時竟洋洋灑灑，寫了一大篇，分數相信不錯。翰墨與我結緣，像是命中注定一樣。

從南京到濟南，大約是在一九四七年的九、十月間，濟南直接稅局正好在此時通知我報到。

進入稅局，負責擬稿與填報表兩項工作。擬稿被稱「簡明」，報表不出錯誤，試用三個月後，成為正式助理稅務員，半年以後，又升稅務員，頗引起同事的嫉妒。

在稅局中工作，待遇比在一般機構豐厚甚多，一般機構，多在月底發薪，稅局則在月初發薪，當時通貨澎漲，一天漲一倍，兩者待遇，遂相差了三十倍。想起當時通貨澎漲的情況，迄今猶有餘悸。鈔票無限制的印製，金額像天文數字。我一個渺小稅務員，月薪曾拿到法幣三億元，領薪時須帶麻袋，接着要去銀樓換成銀元、金飾。不然，馬上就變成廢紙了！

一個二十歲的人，有此工作，一般人以為應當滿足。我則矢志報考大學。一九四八年（民國三十七年）夏天，我又考取了山東大學英文系。此時我借住在山東師範學院學生宿舍內，未住稅局宿舍，藉以不失學生本色。與同住的李玉燦、王良璞、冷仲翔等舍友，都成了莫逆之交。

山東大學報到期近，我向稅局辭職，局長高奇先生很誠懇地說：「站在本局的立場，不希望你辭職。不過，你還年輕，應當去讀大學。破例多發你三個月的薪水，夠你四年的費用了。」時值貨幣改革，法幣改成金元券，我相信政府，將所有的積蓄，除買了一些金飾以外，都換成金元券，約計換了兩千元，合銀元一千元，流亡中小富，心中欣喜無限。

一九四八年中秋節前後，濟南戰爭爆發了，中共以大軍圍攻濟南，激戰八晝夜，濟南淪陷，飛機停飛，本來想坐飛機飛青島的計畫，頓成泡影，不得已改乘馬車，中途到濰縣，被共軍扣留一月，東去無望，再返濟南，與山東師院舍友李玉燦大哥，相約南下，長途跋涉，於一九四九年（民國三十八年）元月抵達南京❷。那時南京局勢亦危殆，風聲鶴唳，不能久留，而我那價值一千銀元的兩千金元券，也差不多只有幾塊銀元的價值了！由小富變成赤貧，心中只有木然的感覺。

在南京停留兩周，繼續南下杭州。當時杭州麕集了大批山東流亡學生，李大哥遇到山東師院的老同學，他隨他們經福建奔往廣州去了，我則加入了山東第五聯合中學，轉往江西上清宮，張天師的所在地。在那裡曾經上過課。而渡江的共軍，飛馳南下，國軍不戰而走，江西省陷入中空狀態，交通斷阻。我們五聯中的師生兩百人，不得已徒步千里，經贛南山區，往廣州方向逃奔，披星戴月，不舍晝夜，疲倦則路邊躺臥，飢餓則往民家乞食。那是一幅淒慘的青年學生流亡圖！而最令我不忘的，是在二十幾天的乞食中，沒有一次是被民家拒絕的，都是飯菜放好，讓你飽食而去。我頓時對江西人留有最好的印象，也覺悟到中國的富庶與文明南移了。若在山東省，那有這種可能呢？

到達廣州時，是一九四九年六月。李大哥也自福建來到廣州了。馳名的針灸大醫師同時是山東師院學生的黃維三兄，也自湖南來此。三人見面，恍如再世（在濟南時，與維三兄過從頗密），即同住在一個中學裡，每日以洗臉盆煮白米飯，甘之如飴。廣州當時為政府重地，行政院在此，而形勢岌岌可危，人心惶惶。五聯中的同學，與山東各聯中的學生約八千人，到澎湖去了。我與李大哥、黃大哥考取了自東北播遷來廣州的長白師範學院。留廣州三個月，隨長白師院赴海南島府城，在那裡，學校復了課，弦歌之聲，與海南對岸的隆隆砲聲，遙相呼應。八月中秋節是在那裡過的，我把唯一儲存的一枚金戒指賣掉，拿出一些，請李大哥、黃大哥吃小館，一壺酒，幾碟小菜，吃來津津有味。一向喝酒油滑的黃大哥，差不多是喝醉了。這是永遠忘不了的一幕。南海之南，椰林之中，三人歡飲，忘卻憂愁，人生能有幾回？

長白師院是始終追隨政府的大學，其反共精神，值得大書特書。遷校海南島期間，神州陸沉，長白師院師生，無畏無懼，激昂慷慨的舉辦反共大遊行，呼口號，貼海報，街頭演說，一時人心士氣大振❸。《中央日報》於此時舉行「確保海南論文比賽」，我寫了五千字的〈怎樣才能確保海南〉一文投去，結果意想不到的獲得第一名❹。初試啼聲，有人欣賞，怎不陶醉？領到十塊銀元（大頭）獎金，則使我歡欣鼓舞。文章可以賺錢，飄流中活命有望，於是翰墨生涯，自此開始。數十年舞文弄墨不已，又豈偶然？

在長白師院，我是讀英語系的。于希武（系主任）老師，鄧文禮老師，講授精闢認真，短短數月中，所獲得的英國文學與語言知識無窮。他們尤其關懷學生，視同子女。當時如此，以後到台灣數十年亦然。

海南島危急，長白師院東遷台灣，登陸高雄，是在一九五〇年（民國三十九年）六月，我的流亡生活，到此也告一段落❺。

註釋：

❶ 戚老師是我的國文老師，現在已記不起他的名字。一九五〇年以前的師友，名字多模模糊糊，記不清楚，非常遺憾。

❷ 我曾寫過〈李大哥〉一文，登在《中央日報・副刊》（民國八十一年三月十九日）。

❸ 長白師院老友盧毅君兄於《浪跡江湖一甲子》（二〇〇七年十二月出版，秀威公司）一書的第六章詳言之（頁二五一）。

❹ 〈怎樣才能確保海南〉一文，登在《中央日報》《時代》第四期（民國三十九年一月二十六日），我一直帶在身邊。到民國七十四年，三十五年以後，出版《聽濤集》（弘文館出版社）時，怎麼也找不到這篇文章，以為是它自動「蒸發」了！最近整理文件，它又赫然出現。再讀之後，感覺此文能奪冠，應是「蜀中無大將」的緣故吧？所提十大確保海南策略，將評稿諸公唬住了！

❺ 從海南到台灣的旅程，甚為曲折，在此就不多贅了。詳情可參考盧著《浪跡江湖一甲子》第六章。

第三章　大學時代
——一九五〇年至一九五九年

從一九五〇年（民國三十九年）十月進入台灣大學外文系到一九五九年（民國四十八年）六月台灣大學歷史研究所畢業，是我的大學時代（中間一年接受預備軍官訓練），一生中的黃金歲月。年輕，奮進，希望，幻想，一時聚集。流亡時代的憂鬱、惶恐、飢餓、無奈，一切都過去了。

流亡時代，爭自由，考大學，是我所懸的目標。不自由，毋寧死，自由比生命珍貴。大學是智慧的宮殿，進入其中，陶醉其間，人生意義始現。流亡中所謹慎攜帶，一刻不離身邊者是高中畢業文憑，一紙抵千金，無物可以代替。所以一九五〇年夏天到台灣後，憑此一紙報考了台灣大學外文系與師範學院英語系。當時我在戰兢的心情下看榜，一看到自己的名字，剎那間感覺世界什麼都變了，疾病，憂愁，貧困，全消逝得無影無蹤。出現眼前的，是光明，幸福，山河如詩，世界似錦。考取的流亡老友，個個像發了狂，人人變成了另外一個人❶。

是讀台灣大學還是讀師範學院呢？

讀師院，一切費用，由學校供應。讀台大，無衣，無食，無居。憑着無畏無懼的精神，就大模大樣的進入了台大。我們政府應當是世界政府中最照顧貧苦學生的，赤貧如洗，而可以進大學，甚至於留學重洋，似乎只有在我們政府裡才可以如願。當時進入台大的一群流亡學生，人人分配了宿舍，並發給工讀獎助金每月七十三元台幣，學費是分文不收的。記得七十三元的工讀獎助金，六十元繳伙食費，剩下的十三元，就是自己一個月的一切費用了。台大長滿荒草、崎嶇不平的校園，是我們那群人開始重整的。手拔荒草，腳踢亂石的情景，回憶起來，樂趣無窮。白髮蒼蒼的傅斯年校長，不時出現你身旁；笑聲爽朗的傅啟學訓導長，像是你的護身符。一切那麼純樸，那麼溫馨。

教室裡面，難以看到白馬王子，幾乎盡是衣冠不整的沒落王孫。穿軍用膠鞋、綠色軍褲者，舉目皆是。這些是從萬華地攤用廉價買來的。有人難得買了一雙皮鞋，下雨時就脫鞋赤足而行，鞋則用毛巾密密包好，因為足傷了可以復元，鞋破了後果就不堪想像了！又有人不知從那裡買來一些破皮鞋、破襯衫，在寢室裡竟然做起生意來，宣傳大字報貼滿牆壁，說也奇怪，生意頗不錯！人窮，謀生之道，叢出不窮，也不值得大驚小怪了。

進入大學的感覺，筆墨難以形容。英國大史學家吉朋 (Edward Gibbon, 1737–1794) 在其自傳中描述他進入牛津大學 (University of Oxford) 以後，忽然間從兒童變成成人❷。我的感覺，不止於此。學術的雍容，智慧的燦爛，風度的儒雅，一瞬間皆出現眼前，只有大學裡能出現。自然這又涉及到大學的水準了。

自民國初年蔡元培出掌北京大學以後，大學的水準驟升，兼容並包，圓通廣大的恢宏學風，在大學裡出現了。學術研究氣氛濃厚，人才濟濟的大學，遍於南北各地。到抗日戰爭前的黃金十年，中國的大學，已躋於世界水準。戰爭突起，大學教授隨政府播遷，從重慶到台灣，政府流亡，教授飄零，時勢形成，而學術亦因之傳播。一九四九年播遷來台的大學教授，為台灣學術的播種者，是一極值注意的現象。以台灣大學文學院中的中文、歷史、哲學、考古四系而言，其中師資十之八九係從大陸各大學中而來，像沈剛伯、方東美、李濟、董作賓、臺靜農、屈萬里、劉崇鋐、姚從吾、李宗侗等，都是馳名大陸的學者，他們貢獻所學，作育了無數優秀人才，使台灣的人文學術，放出燦爛的光彩。一片沙漠，忽成綠洲，歷史奇蹟，這是其一。

我適逢台大轉型之日，進入其中，感覺到了一個新天地：

大學一年級有兩位老師是讓我極為崇拜的。一位是教「哲學概論」的老師，其議論的恢宏，氣勢的磅礴，風度的崢嶸，言辭的優美，無人能夠比擬。原來他就是一代大哲學家方東美先生。能聽到他的課，是極大的榮幸。另外教「國文」的老師，講授《孟子》及《左傳》（當時傅斯年校長規定大一國文讀此二書）的速度極快，上課數周後，他主動叫我：「杜維運，你過來。你的文章，太受蘇東坡的影響，應多讀歐陽修的文章。」寥寥數語，使我感覺「高人」出現了，以前的老師，那有這種眼光呢？這位老師，就是我一生的恩師牟潤孫教授。他是史學家，大史學家陳垣的學生。陳垣教學生，於學生畢業以後，先教國文數年，於是傅校長就請牟老師到中文系教課了。以後我從外文系轉到歷史系，以及研究清代史學，都是受牟老師的影響。

進大學的感覺，一開始如此，而現實的生活逼人。工讀獎助金怎麼也無法完全維持生活。有的同學兼家教，每周三個晚上出去教書。我則堅持不兼家教，於是就乞靈於翰墨，找出以文章謀生的一條路。當時台大舉辦國文論文競賽，我報了名，參加學生共一六七人，我獲中第四名，拿到獎金八十元台幣❸，兩個月的生活費解決。不過論文競賽不常舉行，獎金難拿，不得已乃以投稿為業。《中央日報》、《自由中國》、《自由青年》都是我投稿的對象。文稿不斷寄出，以所寫內容空泛，退稿難免❹，稿費收入，遂極有限。稿費豐收，是在一九五二年（民國四十一年）夏天我從外文系轉到歷史系以後。

牟潤孫老師不只一次的建議我從外文系轉到歷史系：「外文系訓練語言，難言學術。

讀歷史系，情況全異。」當時外文系火紅，擠滿了一百多人，歷史系只有二十幾人，我怎肯從喬木遷於幽谷呢？而且我在外文系，拿過書卷獎❺，成績不錯，轉系豈有理由？所以我於大一讀完後，決定繼續讀外文系，老師無奈，只好讓我做歷史研究工作。有一天他對我說：「趙翼的《廿二史劄記》，是一部史學名著，人人應讀，但是其中錯誤很多。如果以《劄記》所引廿二史原文，與《劄記》之文相對照，可以寫成很有貢獻的史學文章。」有文章可寫，我就懷着好奇與戰兢的心情，答允了做這一工作。時間開始於一九五一年（民國四十年）的冬天，做到一九五二年（民國四十一年）的夏天，完成一半，我的興趣轉移，於是就從外文系轉到歷史系來了。歷史系人少，同學相處融洽，沒有嫉妒，沒有紛爭。名史學家沈剛伯、劉崇鋐、姚從吾、李宗侗、夏德儀、勞榦、方豪、張致遠等都是我們的老師，他們循循善誘，課堂上，走廊裡，研究室中，授業解惑，從無倦容。有時同學們到老師家去坐，青田街、溫州街的教授宿舍，木屋竹籬，推門可進。當時老師的門，永遠是為學生開着的，不用先約，興至即去。健談如沈剛伯、李宗侗、夏德儀諸師，可能與你傾談至深夜。此情此景，已是歷史，不可復得。

進入歷史系後，投稿之業順暢，第一篇史學論文〈錢大昕之史學〉，發表在《學術季刊》上❻，稿費隨之湧進❼。《廿二史劄記》的考證工作，則遲至一九五三年（民國四十二年）的暑假再開始做，至八月底寫成。前後歷時將近兩年，凡得《劄記》錯誤三百九十九條，彙為一編，名曰「《廿二史劄記》考證」❽。同年十二月此文獲得台大「人文科學論文獎」❾，領得獎金台幣一千五百元，寫文章以來，所得稿費的最高金額，請歷史系全班同學郊遊，由牟老師安排一次請客，獎金揮霍大半，而精神則舒暢。終身治史，於是就確定了。

民國以後，史學家陳垣在輔仁等大學講授「史源學實習」課程時，很多年曾以《劄記》作例子，讓學生就其史源，尋其錯誤❿，他自己也寫了一部《廿二史劄記》考證的稿子，就《劄記》中所引史實，一一考其出處，正其謬誤，可惜並未定稿，只有十幾條留傳下來⓫。牟老師承其學，看上了我，費盡苦心的催我去做。我幾次向老師覆命：「做不下去了！」老師則說一定會有成績出來。讀外文系，從圖書館搬運線裝本正史（當時出版事業，尚未發達），到寢室閱讀，同學看了很奇怪；一字一句的考證，也真枯燥。做完後向老師交卷，老師說：「當年援菴（陳垣）師讓全班學生三十六人，各做一卷（《劄記》共三十六卷），都未做成。你一人獨做三十六卷，很不錯。」我心裡想，你早如此說，我就不做了！

我從事歷史考證工作以及研究清代史學，皆承牟老師之教。他國學基礎深厚，見解卓越，談及清代史學，口若懸河。一九五五年（民國四十四年）他赴香港新亞書院講學，見面時間已少。

歷史系沈剛伯、劉崇鋐、張致遠師教西洋史；姚從吾師教遼金元史及歷史方法論；勞榦、方豪、夏德儀師教秦漢史、隋唐史、宋史、明清史及中西交通史；李宗侗師教中國上古史及中國史學史。諸師皆博學儒雅，度量寬宏，學者之風，塵世所無。

歷史系畢業時，我參加了兩次考試，一次是台大歷史研究所入學考試，僥倖考取；一次是教育部公費留學考試，機會擦身而過，考取者為積學的歷史教授⓬。其時留學風氣盛行，我想靠公費留學，結果希望幻滅。

台大畢業後，赴鳳山受預備軍官訓練一年，以乏善可陳，在此就不多贅了⓭。鳳山歸來，再讀台大，有回家的感覺。不過，這時有另外兩個機會，可能決定我一生的，待我選擇：

一是教育部長張其昀（曉峰）先生邀我做教育部部長室機要秘書。他看過我的〈錢大昕之史學〉一文，肯定我的中文程度，所以如此邀約。我向劉崇鋐師請示，劉老師說：「機要秘書的工作，不容易做，你還是讀研究所好。」恩師之言，使我頓悟。年輕而入仕途，不求博學，豈是上計？

另外是美國哈佛燕京學社撥巨款給香港新亞書院，獎勵其學術研究成就，牟老師被聘請前往講學，並可帶兩年輕人隨往，老師極想帶我去，我一時被台大迷住，沒有跟去香港。當時台海危機重重，我像是一點不受影響。

讀台大歷史研究所四年，是一段極為自由悠閒的日子。上午研究，下午睡大覺，晚上排節目，幾乎形成定律。住同一宿舍的是陳捷先、謝培智、李維城、梅漢仰（哲學研究所）諸兄，晚上幾人常到校門口，吃鴨頭，喝清酒；在宿舍有時煮牛肉麵，培智、捷先二兄，吃量最為驚人⓮，吃罷擺龍門陣，一室春風洋溢，其樂無比。

在此必須一提的，是台大錢思亮校長的召見：

一九五一年當我尚是大學二年級學生的時候，曾上書錢校長，直陳教「理則學」一科的老師評分不公平，校長叫我去，他說查了此科的評分，確實欠妥，已予告誡，自此他對我的印象，深刻無比。讀了研究所，住同一宿舍的陳捷先兄適任研究生協會的總幹事，有一天他對我說：「訓導處讓研究生去體檢，準備接受預備軍官訓練。」實際上研究生都已受過預備軍官訓練，豈能重疊？於是我自動請纓，代研究生協會擬了一份上書校長的稿子，痛批訓導處。數日後，捷先兄很緊張的對我說：「大事不好，校長知道是你擬的稿子！」我這初生之犢，無所懼，即去見校長。校長詞氣很平和的說：「你寫的理由都對，但不應該開頭就罵！在台大我可以原諒，其他機關的首長，未必有此雅量。你研究所畢業後，沈先生（剛伯，時任文學院長）、劉先生（崇鋐，時任歷史系主任）如果留你任教，我不反對。」一席之談，我看到了一位大教育家，他對我的影響是一生的。一九五九年研究所畢業，留校任講師，校長實踐了不反對的諾言。一九七〇年（民國五十九年）以後，校長離開台大出任中央研究院院長，臨走時特別囑付文學院朱立民院長，提名我做研究教授，一時收入倍增⓯。校長對我不但絲毫沒有芥蒂，而且提攜獎勵，不遺餘力。至於對我文章的寫作，影響則是永久的。少年時代讀多了五四文學作品，氣浮心燥，行文之際，往往詞不溫雅，語多放縱，校長從我大二時代的上書，認出了此一缺陷，以致事隔數年，仍然能認出研究生協會的上書，是我捉刀，其心思之細，眼光之銳，令人驚佩，叮囑「不應該開頭就罵」，則使我一生寫作，盡量心平氣和，不作激昂慷慨之語。一言可以興邦，校長一言，改變了我的寫作，誰說教育不能變化氣質呢？

讀歷史研究所，進一步認識了歷史老師。沈剛伯師上課不帶講稿，侃侃而談，如眾弩齊發，似萬馬奔騰，精闢之論，閃爍之智，競出其間。聽過他的專題演講「說史」，驟然間「史」字的原形、原義，中國史官的原始職務、特有精神，都歷歷於目前了；聽過他擅長講授的「西洋上古史」，希臘的智慧，羅馬的力量，頃刻間合而為一了，精神也像浮游在雅典與羅馬之間了[16]。

姚從吾師所授「歷史方法論」一課，一半以上的時間，介紹德國從蘭克（Leopold von Ranke, 1795–1886）到班漢穆（Ernest Bernheim, 1854–1937）的史學。「轉手記載，不如原書」，「親見親聞的史料可貴」，「同時人的記載可貴」，此類德國史學家所強調的珍貴史學原理，姚老師一再重複講授，聽講的學生，留下了最深刻的印象。因此論德國史學的輸入中國，他是最有貢獻的史學家之一。至於他是遼金元史的權威學者，在此就不待詳述了[17]。

劉崇鋐是我大一時代「西洋通史」的老師，轉讀歷史系後，選了他的「西洋近古史」及「西洋史學名著選讀」兩門課，前者使我對義大利文藝復興時代人文主義者（humanists）的智慧與生活，留下最深刻的印象；後者則使我進入西洋史學的門牆。劉老師以美國史學家奈芬司（Allan Nevins, 1890–1971）的《歷史入門》（*The Gateway to History*）一書作教本，全部打字油印出來（當時沒有複印技術），供同學細讀。劉老師也差不多從頭到尾講解一遍，純熟的英語，鏗鏘的聲調，以及扼要的疏解，一年之中，使我受益極大。西洋史學的美富，出現眼簾，歡欣鼓舞之情，真非筆墨所能描述。讀研究所後，曾為劉老師改過「西洋通史」考卷兩年[18]。一九五七年（民國四十六年）秋天，被聘為歷史系助教，在系主任辦公室幫助辦理系務。其時系務清簡，極為悠閒，辦公室川流不息出入者，是來聊天或借書的同學。劉老師看到有人潮，往往故意避開。如此有雅量的首長，世間少有。他也經常笑容可掬，從無疾言厲色[19]。

另外李宗侗師治中國上古史，卓有成就，所作古代社會的比較，尤其膾炙人口。夏德儀師是講授中國通史最受歡迎的老師，內容豐富，條理清晰，聽者為之動容。其精研則為明清六百年的歷史。勞榦師治秦漢史，享譽國際學壇，發表見解獨到的論文逾百篇，講授秦漢史與魏晉南北朝史時，精論迭出。方豪師是治中西交通史的大家，所蒐資料之富，與用力之勤，令人傾服。張致遠師博覽西史群籍，西洋史知識的豐富，無人能出其右（指當時台灣史學界而言）。所編譯《西洋通史》（據 H. A. L. Fisher 的 *A History of Europe* 一書編寫）一書，文字優美，內容精闢，一時傳誦不已。這些大師，聚於一堂，是學林的盛事，像是北京大學、清華大學、中央大學的精英都到齊了。使他們和諧相處，各獻所學，負領導之責的劉崇鋐師具有關鍵性，他尊重每一位，稱頌每一位，自己居於服務地位，以致就祥和一片了。

我的碩士論文，題目定為「清乾嘉時代之史學與史家」，如此命名，係受英國史學家顧屈 (G. P. Gooch, 1873–1968) 的影響，顧屈的《十九世紀之史學與史家》(*History and*

Historians in the Nineteenth Century）一書，馳譽學林，我讀其書，遂仿其名。指導教授李宗侗師亦表贊同。如何撰寫，李老師不加干涉，只從大處指示。台大歷史系的老師，每如此寬容。

清乾嘉時代（一七三六—一八二〇）大約相當於十八世紀，是清代學術極盛的時代。我選了王鳴盛、錢大昕、全祖望、章學誠、趙翼等五位史學家，作為研究的對象[20]。各家的史學專書、雜著、詩集、文集，皆仔細閱讀，遇有與史學相關處，則劄記別紙。此一自各家的作品歸納原始資料的工作，大約做了兩年以上的時間，進一步是瞭解乾嘉時代的史學潮流及近代學術界的論述，由於牽涉甚廣，以致用了四年的時間，才寫成這一篇八萬字的論文[21]。論文口試委員，校內為李宗侗、劉崇鋐師，校外為蕭一山、祁樂同先生。蕭先生是清史大師，他問了很多問題，有的我可以回答，有的答不出來，爭論性的問題，我又無勇氣據理力爭（如蕭先生說顧炎武是經學家而不是史學家，即是富爭論性的），以致考試下來，成績並不十分理想。很少發言的劉老師這時說話了：「我們系想留杜先生（劉老師習慣稱學生輩為先生）做講師，希望分數好一些。」蕭先生接着說：「這篇論文從批評考據學的角度，論乾嘉史學，整體來講，是深為可取的。」謙虛為懷，愛年輕人如子弟的祁先生也呼應蕭先生的意見，分數自然就大幅上揚了。這一段往事，說明劉老師對我的寵愛，也說明當年台大歷史系老師的寬宏大量。因為當年台大歷史系是歷史考據學的大本營，與中央研究院歷史語言研究所相呼應，我從批評考據學的角度，論乾嘉史學，應是犯了大忌。可是從指導教授到系主任，到看過論文的老師，從沒有出現一絲介意。這是學術上的寬容，舉世所少見的。沐浴其中，有無限舒暢之感。

研究所畢業後，主持中央研究院歷史語言研究所及近代史研究所的李濟師與郭廷以先生，盛情相邀，向劉老師報告，劉老師說：「留在台大教書好了。」恩師相留，我這執教鞭的工作，就從此開始了[22]。

註釋：

❶ 學生流亡群中，體弱者隨時倒地不起；意志不堅決者，返鄉後即杳無消息；思想成熟、顧慮太多者，則憂鬱終日。能夠到達台灣者，是幸運兒。

❷ *Gibbon's Autobiography*, edited by M. M. Reese, Routledge & Kegan Paul, 1970, p. 28.

❸ 台灣大學所舉行的三十九年第一學期國文論文競賽於民國四十年元月二十五日公布結果，第一、二獎合併二名，第三獎三名，第四獎五名，普通獎十五名，我獲得第三獎第二名。競賽論文題目為「擬撰傅故校長碑文一首」，白話或駢散文言均可。詳見《國立台灣大學校刊》第一〇四期，民國四十年一月二十九日出版。

❹ 投稿必遭退稿，像是定律。在此我必須感謝《中央日報》，幾十年不退我的稿子。從學術論文，到生活記述，皆容納之。我也一直訂閱《中央日報》，到我離開台灣時為止。一位很國民黨的朋友很驚訝我對《中央日報》的忠實，「你現在還看《中央日報》？」《聯合報》、《中國時報》席捲台灣，對我像是沒有什麼影響。

平心論之，《中央日報》新聞有據，不報導聳動社會的新聞，文教消息尤多，故欣賞之。

我投稿到《自由中國》去，一篇登載，一篇退回。其後就不再投稿去。雷震先生曾約我面談，也來過兩封信，他肯定了我的中文程度，而認為有待加強學術研究。我感覺《自由中國》太政治化，自己沒有論政的興趣與本領，所以就知難而退了。

當時所登載出來的稿子，題目是「投考大學的準備」、「有感於大學課程」、「戀愛與讀書」一類，其浮泛空洞可知。

❺ 台灣大學設立書卷獎，凡學生學期總平均成績在八十分以上，名次列於該年級百分之五以前者，皆給予獎勵，發獎金台幣五十元。我在外文系曾獲獎兩次，一次是在一年級的第一學期，一次是在二年級的第一學期。

❻ 《學術季刊》第二卷第三期，民國四十二年三月。

❼ 由於〈錢大昕之史學〉一文的發表，我被邀參加了不少次學術論叢的編寫工作。如《中國歷史地理》一書的編纂，我即編寫了〈清代歷史地理〉一篇，稿費頗為可觀。

❽ 拙文〈廿二史劄記考證〉載於《新亞學報》第二卷第二期（民國四十六年二月），華世出版社新校本《廿二史劄記》，將考證之文，分散於各條之後，頗便讀者。

❾ 國立中央研究院為紀念歷史研究所傅故所長斯年，在台大設置人文科學論文獎金，其得獎名單，見於《台大校刊》第二四一期，民國四十二年十二月廿四日出版。

❿ 在民國二十幾年到三十幾年的十幾年裡，陳垣曾先後在北京師範大學、輔仁大學、北京大學講授「史源學實習」（初名「史源學研究」）這門課程，並以《廿二史劄記》及顧炎武的《日知錄》、全祖望的《鮚埼亭集》作教材，陳氏認為三書中以《劄記》的錯誤最多，《鮚埼亭集》次之，《日知錄》最少。參見陳智超〈陳垣史源學雜文前言〉。

⓫ 存於陳垣《史源學雜文》中者十一條。

⑫ 據服務教育部的朋友馮景江對我說，我的總平均分數比那位歷史教授低，不過他的英文分數，未到錄取標準，我則到了標準，理應取我。那時張其昀先生任教育部長，他清楚我，認為我將來有機會，就取了那位教授。歷史往事如此，謹記其實。曾是命題、閱卷人之一的張致遠師亦屢次向我言及此事。

⑬ 我的軍事動作，完全不夠水準，軍中一年，地位低微。總統校閱時，被抽下來練特別操，其洩氣可知。惟一揚眉吐氣者，是背誦步兵操典，瞬息成誦，教育班長驚訝到不敢置信。

在受訓期間，接交外文系唐文興兄，是最為歡欣鼓舞的。他是唯他肉鬆的小老板，精力旺盛，聲如洪鐘，有「唐老虎」之稱。在大一大二時，我們是同班同學，惟未過從。鳳山受訓，黃浦軍校門前，相約吃牛肉麵，喝黃酒，自此變成莫逆之交，數十年通信不絕（他於畢業後赴美）。他曾有意出資供我赴美留學，我感其盛情而不能接受。人世間的盛情，這是其一，故繼述之如上。

⑭ 陳捷先兄以能吃麵馳名，他自誇能吃十碗陽春麵，我與他打賭，能吃完，我付錢。結果，他真吃完了。當時很窮的我，只好付錢。這是一段佳話，留之以作談助。

⑮ 一九七〇年台灣大學在提名「研究教授」之前，文學院朱立民院長曾親到溫州街的寒舍對我說：「錢校長離開台大時，曾囑付提名年輕而有研究潛力的學者，任『研究教授』，並指名歷史系推荐杜先生。」自此盡見錢校長的大量。

按「研究教授」為行政院國家科學委員會所設置，每月正研究教授台幣一萬元，較正常薪水超出一倍以上。

⑯ 詳見拙文〈懷念沈剛伯師〉，文載《中外文學》第七卷第二期，民國六十七年七月。收入拙著《聽濤集》（弘文館出版社，民國七十四年十一月初版）。

⑰ 詳見拙文〈姚從吾師與歷史方法論〉，文載《中央日報・副刊》，民國五十九年三月四、五兩日。收入拙著《聽濤集》。

⑱ 劉崇鋐師所授大一「西洋通史」，由於人數過多，改卷的工作，交給了我，分數的高低，也完全由我決定，不加任何干涉，這非有瀚海之量做不到。我從小讀書，喜爭分數，深知分數對學生的鼓舞性，代老師改卷，大膽採用了高分制。天文數字的分數，劉老師看過後，笑一笑說：「成績很好。」沒有一絲不同意的表情。易地以處，我就沒有這種度量。

⑲ 詳見拙文〈謙虛為懷的劉壽民師〉，文載《傳記文學》第五十七卷第五期。收入拙著《歷史的兩個境界》（東大圖書公司，民國八十四年七月初版）。

⑳ 清乾嘉時代傑出的史學家，王鳴盛、錢大昕、全祖望、章學誠、趙翼以外，應將邵晉涵、崔述列入。

㉑ 台灣大學文學院中國文學及歷史學兩研究所，承國家長期發展科學委員會之補助，慎選歷屆研究生畢業論文，印行《台灣大學文史叢刊》，拙文列入其中，於民國五十一年十月初版。民國七十八年四月由學生書局重印，增一〈自序〉。

㉒ 大學八年，時光珍貴，我堅持了不在校外兼差的原則。唯一的例外，是做了比「五日京兆」還短命的「三日機要秘書」，像是鬧劇。以其事與翰墨相關，附敘於後：英國漢學家李約瑟（Joseph Needham, 1900–1995）的巨著《中國之科學與文明》（*Science and*

Civilization in China)自一九五四年以後，陸續出版，中華文化復興委員會聘請大批學者，翻譯其書，其譯出的第三冊，我譯了〈準科學與懷疑傳統〉一章，審閱者為淡江文理學院陳維綸院長，他頗為欣賞我的中英文程度，聘我做院長室機要秘書，我答應了，製裝前往，做了三天，感覺不對勁，就辭職了。陳院長修養很好，並不計較。幾十年後回憶起來這一幕，有幼稚之感！經過這次翻譯，深知翻譯之難。時在民國四十五年前後。

第四章　任教大學以後（上）

——台灣大學時代（一九五九年至一九七六年）

從一九五九年（民國四十八年）到一九七六年（民國六十五年），是我任教台灣大學的時代。十八年的悠長歲月，適值鼎盛之年，舞文不已，交遊廣闊，撫今思昔，情不能已！

第一節　研究清代史學與其後輯成《清代史學與史家》一書

清代史學，是我研究史學的起點。清乾嘉時代，考據史學極盛，成果輝煌，史學界已有定論。清初史學的恢宏氣象，卓越成就，則有待開闢。我以相當長的時間，寫成〈顧炎武與清代歷史考據學派之形成〉、〈黃宗羲與清代浙東史學派之興起〉、〈王夫之與中國史學〉三文❶，又遍閱萬斯同、戴名世、吳炎、潘檉章、潘耒、馬驌、錢謙益、朱彝尊、顧祖禹、毛奇齡諸人的著述，寫成〈戴名世之史學〉、〈錢謙益其人及其史學〉、〈吳炎、潘檉章之史學與風節〉、〈清初史學之建設〉諸文❷。這些專文，都是在台灣大學時代寫成的。赴港以後，三民書局擬聚集之以成專輯，於是又新寫〈清代史學之地位〉❸、〈趙翼之史學〉❹兩文。〈清乾嘉時代之歷史考據學〉、〈全祖望之史學〉、〈章學誠之史學〉，則據舊作而損益之❺。前後共寫十二篇，彙為一編，名曰「清代史學與史家」，於一九八四年（民國七十三年）出版，集眾腋聊以成裘，藉便讀者而已。

《清代史學與史家》問世後，所引起的反響，出乎意料以外。一九八四年十月二十二日美國普林斯頓大學 (Princeton University) 主持漢學研究的牟復禮 (Frederick W. Mote, 1922–2005) 教授來翰云：

> 最近收到你的新書《清代史學與史家》，急於仔細閱讀。我的初步印象，其書將取代你的舊著《清乾嘉時代之史學與史家》。後者從一九六二年梓行後，在我主持的史學研討課程上，列為參考書籍 (a required reading)。新書所憑依者廣，將增加此研討課程的深度。❻

學生時代的習作《清乾嘉時代之史學與史家》，能為友邦學林重視，自己不敢相信；薈萃成編的《清代史學與史家》，尤蒙欣賞，將信將疑其真實程度。

一九八八年（民國七十七年）中華書局影印《清代史學與史家》，在大陸發行，其反響立刻呈現。一九八九年（民國七十八年）六、七月間，中國文化大學宋晞教授，交給我一封以寫〈清代浙東之史學〉一文而馳名的陳訓慈先生來信，洋洋灑灑近千言。陳先生於一九三〇年在《史學雜誌》上發表〈清代浙東之史學〉，議論文采，尤在何炳松之上，而時隔六十年，猶翰墨飛馳，不敢相信其真實。宋教授對我說：「岳父（宋教授是陳先生子壻）已八十九歲，猶身體健康，著述不輟。」信中稱美拙著「鈎稽俱有斷裁，立論至為平正」，此自為獎掖之辭，其建言則中肯殷切：「先生之論，一以章實齋〈浙東學術〉篇為綱，而以章邵承之，分別成文，可云內容美富，折衷至當。惟收入此書者，有章實齋而尚缺邵二雲，此猶可緩圖，而有全祖望而無〈萬季野之史學〉，於全書似為缺憾。」❼拙著缺失，經先生一語道破，而措辭委婉誠懇，令人感佩無既。後來我傾力寫成〈萬斯同之史學〉與〈邵晉涵之史學〉兩文❽，以答其盛情，惜此兩文迄今尚未收入該書之中。

自此以後，大陸史學界普遍知道我鑽研清代史學。當二〇〇五年（民國九十四年）我去北京、上海講學一月時，年輕學子，多就《清代史學與史家》發問。「書有一卷傳，亦抵公卿貴」❾，趙翼之詩，應在此吟誦了。

第二節　初執教鞭的喜悅

任教台灣大學歷史系，最初幾年，主要講授中國通史，一九六一年（民國五十年）兼課東海大學歷史系，亦講此課❿。初學之人，縱橫馳騁於數千年之間，難以見解獨到，勢為必然。於是以記憶彌補所短。上課不帶講稿，引用原文，數十言以背誦方式寫之。初進大學的學生（中國通史一課，多於大一時選修），驚訝異常。「騙人有術」，課堂之上，遂成為我的表演場所，喜悅之情，筆難盡述。以後數十年，喜悅不已，而階段不同，喜悅有別，容後詳之。

三十幾歲教書，屬於年輕老師，與學生之間的溝通順暢，往來頻繁；當時我仍然在系主任辦公室中，輔助系務，來訪者絡繹不絕，一時交遊廣闊，研究的時間銳減。當一九六二年（民國五十一年）九月赴英深造時，機場送行者，竟至七、八十人以上，自己想像不到有這種場面。交遊如此，研究成果，怎能豐碩呢？留英以後，才有省悟。

第三節　負笈英國劍橋

台大歷史系任教三年後，沈剛伯、劉崇鋐、姚從吾師，都認為我應出國深造，接受西方知識，並為我申請到國家長期發展科學委員會（後改稱國家科學委員會）的補助，於是於一九六二年九月啟程赴英，進入劍橋大學深造，我的一生歷史，自此展現了新頁。

距離倫敦不遠的劍橋，以幽靜、優美與具有智慧馳名世界。從喧囂的倫敦出來，坐火車約一小時，即到像是世外桃源的劍橋。參天的古木，如茵的草坪，加上一條蜿蜒的劍河，實在將劍橋點綴得太美了。春天與夏天，整個劍橋都是翠綠的，參天的古木，可能歷經了無數世紀，而仍發新枝；垂柳白楊，處處皆是；舉目可見的草坪，由於不夠身分的人不能在上面行走坐臥，變得像一片碧綠的湖水。秋冬之際，草木轉黃，大地蕭瑟，有另外的情調。一條劍河，不但像徐志摩所說「是全世界最秀麗的一條水」，也是全世界最和平與最有靈性的一條水。河寬幾乎一躍可過，沒有驚濤駭浪，文人學者在河邊看倒影，而不怕被浪潮捲去；舟行其中，係用長篙撐舟的原始方法，不慎覆舟，只添詩意；河水又沿着劍橋大學幾個著名學院流去，於是其靈性出現了。從中世紀建立，有八百年歷史的劍橋大學，其學院分布劍橋全城，幾個特別有名的，像皇家 (King's)、三一 (Trinity)、聖約翰 (St. John's) 等，都是在劍河之畔，古色古香的建築與濃厚的學術氣氛，使劍河平添了靈性，整個劍橋也以劍橋大學而智慧洋溢。

我的學院菲池威廉（初名 Fitzwilliam House，一九六三年後易名 Fitzwilliam College）初在城中心，後遷郊外。學院對於每一個劍橋大學的人來講，就像家庭，一個讓你停棲的地方。菲池威廉不是富學院，卻很親切。每周在其中吃三次晚餐，身穿黑袍 (black gown)，嚴肅中邊吃邊談。學院派了一位導師 (tutor)，指導我的生活。初見這位導師時，完全被他的風采迷住了。他是蘇格蘭人，六十歲上下，英挺的身材，很像電影明星詹穆士史都華。他侃侃而談，態度和藹，令人如沐春風。以後有事找他，無不欣然立予解決。他就是令人敬愛的威廉穆 (W. W. William) 先生，後來二十幾年與我通信不絕。

學院可以住，我為方便，租屋自住，有機會領略了英國房東太太的威嚴。恰與導師相反，我的房東太太，極端嚴肅，不苟言笑。一見面，就約法三章：不許晚歸，不許浪費，按時交租。我的名字，她發不出 Yun 的音出來，又不肯叫我 Tu 先生，於是就逕叫我 Tu Wei 了！每當 Tu Wei 聲出，立刻要出現在她面前，聲止人到。想起大學畢業後受預備軍官訓練，鳳山教育班長用三十秒時間，緊急集合全隊，其情形頗相似，中外異曲同工有如此。信件來時，由她分發，自取則受深斥（理由是她負責）。規定不能頻頻洗手，洗澡能免去最好。大概由於英國的水費昂貴吧？供應的早餐及部分晚餐，必須吃精光，如有剩餘則什麼世界飢餓一類的話都來了。遇到吃腥羶帶血的羊排，只好硬着頭皮和血吞下去！不少英國人寧願娶北歐老婆或者獨身，其情可原。我住了一年，另租由房東先生管理的新屋，房東先生度量寬宏多了。

學術系統方面，我是屬於東方學院 (Faculty of Oriental Studies) 的研究生，指導教授 (supervisor) 是漢學家浦立本 (E. G. Pulleyblank, 1922–) 師，浦師是唐史專家，對於中國史學也有真知灼見。當時他主編的《中日史學家》(*Historians of China and Japan*, ed. by W. G. Beasley and E. G. Pulleyblank) 一書甫問世，同時與歷史系國家講座教授白特費爾德 (Herbert Butterfield, 1901–1979) 正在筆墨爭論中西史學的優劣。我這個粗通中國史學的學生出現，他很興奮，命我以趙翼作中心，試探比較中西史學。劍橋大學的制度，指導教授只能有一位，而且有無限權威，大多釘住研究生不放。浦師規定每周見他一小時，報告心得。有人說劍橋有兩類人物最難纏，一是房東太太，一是指導教授。研究生見指導教授前，往往互祝好運一番，其嚴重情形可見一斑。浦師雖然時時面帶笑容，卻是一位以嚴格出名的人物，英國學生都怕他。我與他兩年中七十幾次接觸，所討論者，無非趙翼其人其學以及中西史學異同優劣的問題。他採用反覆辯難的方式，我提報告，他立刻全面否定。我再舉證答辯，到不用再爭辯時為止。這是訓練學生最好的一種方式。浦師有時約我去其家小飲，他嗜飲且能飲，洋師母亦能飲。他們認為日本人酒量好，中國人平平，我以一敵二，多次不分勝負。我的酒名，也就在劍橋不脛而走了。

見指導教授以外，聽課是完全自由的。處在米爾巷 (Mill Lane) 的上課教室，容許任何人自由出入，講者自講，聽者自來。不耐煩者，中途可以退席，講者最多說一句「他聽不懂」！我除了在東方學院參加 Seminar 以外，便是在米爾巷裡，無拘無束的聽講。當時名史學家白特費爾德、克拉克 (G. Kitson Clark, 1900–1975) 等尚在盛年，他們的課，我都去聽。記得有一次白特費爾德約全班數十位學生到他家參加座談，這應當是千載難逢的機會。英國國家講座教授的家也真夠大，客廳像大會議室。這位平時嚴肅至極的宗教史學家，完全換了另一付面孔，他便裝上場，菸不離口，滔滔不絕，笑聲時起。有人說他論文比書寫得好，座談比正式演講好，大概不錯。這類的大學教授，中外都有。另外印象深刻的是講英國小說史的一位先生，已忘其名，卻忘不了他的精采演講。他上課只帶幾本小說，不帶任何講稿，分析小說內容，完全顧到社會背景，精闢之極，講詞亦美。上最後一堂課時，學生報以熱烈掌聲，掌聲中他精神愉快地離去。

個人讀書，興趣偏向閱讀西方史學史與史學方法方面的書，對我來講，這是一個新園地，具有極大的吸引力。浦師本來對我說，由於我對於中國史學的研究，已有基礎，博士學位可以較快拿到。可是我這個只重理想不切實際的人，偏偏把拿學位放在第二位。心裡不時想，博學多識的傅孟真先生、陳寅恪先生，還不是留歐多年而不拿學位？於是我對浦師採取拖延應付的策略，自己如醉如狂的進入史學史及史學方法研究的天地。每天絕大部分時間，沉淫其中。屬於自己的書，用紅筆鉤出重要處，以備不時溫習。借來的則作劄記。強烈的佔有慾，使我想擁有所有這類的書，逛書店很自然的變成我最大的享受。劍橋、牛津、倫敦的新舊書店，差不多逛遍。每當買到一兩本渴望已久的書，精神的興奮，實非筆墨所能形容。燈下凝視品量一番，所有的憂愁煩惱都逃得無影無蹤了。

負笈異國，內心世界，是一個怎樣的情況呢？這個隱秘的世界，自己不暴露，外人無由詳知。處在優美、幽靜且是世界學術宮殿的地方，按常理講，應當思潮平靜，心情愉快。可是實際上不盡然。當時思潮的紛紜，非寸楮尺墨所能形容。學術上的問題，時時浮現腦際，揮之不去，讓它停留時，思潮卻又離開學術的軌道馳騁。有時一些無聊之想，瑣碎之思，如萬觚泉般，不擇地湧出。心情方面，愉快時少，煩悶時多，常常想到台北市是全世界最可愛的地方。「遠託異國，昔人所悲。」我是徹底領悟到這句話的真諦了[11]。

怎樣平靜思潮，愉快心情呢？交遊已遠不如在台灣時廣闊，旅遊僅限於劍橋、牛津、倫敦三地，於是不得已寄情於翰墨，從師長、同學到教過的學生，都是我寫信的對象。凡旅英所見所聞所感所思，皆向朋友傾訴。朋友的來信，也像雪片般飛來。當一九六三年十二月二十三日房東先生交到我手上二十四封信件時，他那奇異的眼光，令我猛然感覺到，我應該稍微收斂了！

翰墨飛馳中，飛來一段良緣，值得縷述：

流亡中的同班同學苑作賓兄，到台灣後，任職基隆陸軍醫院，他極為欣賞一位護士小姐，認為她的風度、美貌、才華，與我甚為相配。這位老同學的想像力，真是超豐富了。來英前他介紹在台北市衡陽路上的凱莉餐廳與她見面，坐甫十分鐘，她即離去，惟其談吐、風采，則讓人留下最深刻的印象。來英後，我只禮貌的寄聖誕卡給她，聊表風度。她的反應，最初不予理會。一九六三年的聖誕節，她回了聖誕卡，同時上面寫着「何時學成歸國」一語，一語露禪機，翰墨自此就飛馳於英倫、台灣之間了。

老朋友介紹的孫小姐（老朋友習慣如此稱她）雅明，個性爽朗，動作快捷，寫信給她，信到即覆。數月之間，信翰盈尺，感情激增，讀書、研究，盡拋腦後，於是於一九六四年（民國五十三年）春夏之交，揮別劍橋，返回台灣，準備結婚。旅英兩年，進入西方史學的新天地，又得美妻，收穫豐碩，應是無過於此了。

第四節　結婚、寫作與出版《與西方史家論中國史學》

我於一九六四年四月二十三日，回到台灣，選擇當年母親節五月十日結婚，婚禮在台大新落成的體育館舉行，錢思亮校長特別批准，並親自參加，場面隆重，親友驚訝，然而後面卻是生活拮据的日子。

結婚以後，家中沒有股票，只有當票。手錶、老爺照相機，常常放進當鋪裡去。雅明好客，又善烹調，家中客人不斷，客人至，臨時當物買菜是常事。當時的家，是在離台大不遠的溫州街，竹籬茅舍，門前有經常盛開紅花的九重葛，平凡中現美豔。友人至，談至深夜，猶不肯離去⓬。聚飲雀戰，則是娛樂節目，苦中作樂，回味無窮⓭。

家中的當票，從不流當。多是月末當出，月初贖回。數日間的窘迫，權宜解決，勝於借貸。記得在一個中秋節的前夕，家中差不多要斷炊了，正在愁苦，奇蹟出現，一封又厚又重的限時掛號信，由綠衣人送來，拆看之後，裡面是一封信與台幣一千元。信是這樣寫的：

維運兄：

茲奉上台幣一千元，聊表想念。敬乞

哂收，為禱！

弟姚從吾敬上　五十三、九月十五日、午刻

當時與雅明真是又興奮、又感激！十日以後，又有一封信來：

維運兄：

輔仁發兼薪否？秋節如何？弟時以　兄與增才兄歸國後之生活為念。增才在台有親屬，猶為獨身，尚易應付。　兄怕就有些困難了！弟新得到一筆審查費，謹暫借　兄壹千元備用，將來再慢慢歸還。倘　兄鑑及區區微忱，幸即來研究室一談，取用為盼！弟每日上午八時半以後，十二時以前，均在研究室也。專此，即問

近好！

弟姚從吾敬上　五十三、九月廿四日午後

又此事僅弟對至好的一些微意，勿欲他人知。一千元也實不足道耳！（按從吾師對弟子皆以兄呼之。）

師道之大，當時真正的領悟到了，傳道授業解惑以外，又有同情與關懷，維運何幸而遇此，自幸之餘，不自覺而淚下潸潸了！

在我年輕的時代，男多女少，美女尤其身價高昂，內子是美女，她為什麼肯嫁給一個窮措大呢？很多人驚異，而不知翰墨暗中發揮了力量。

在與雅明通信頻繁之時，岳父孫文斗大人忽然來信，問我旅英情況。岳父是寫文章的高手，他用文言文來信，我以文言文應之。語體、文言並用，翰墨飛舞，遂現異彩。雅明與父親的感情甚篤，凡男友來信，皆交父親過目。岳父極欣賞我的信，於是我就雀屏中選了。

婚後困窘，雅明毫無怨言，她鼓勵我寫作[14]，婚後的第一本書《與西方史家論中國史學》，是在她的鼓勵下寫成的。

留英兩年，沉醉於西方史學世界之中，擴展了史學眼光，也初步瞭解了西方史家對中國史學的認識。我就西方正統史家、非正統史家與漢學家對中國史學的評論，作了詳細的分析，覺其議論有極為精當足發國人深省者，亦有荒誕不經不能不據實以辯者，於是草成《與西方史家論中國史學》一書，約十萬言，期以借西哲之言，發國史之蘊，以通於比較史學之路。書成於一九六五年（民國五十四年），於一九六六年（民國五十五年）獲得中國學術著作獎助委員會資助出版⓯。學林以其能發前人所未發，佳評湧至。惟其書以不及一年的時間寫成（寫成於一九六四年至一九六五年之間），涉獵未廣，十五年後，遂再新寫，一般的反應及其重要內容，容於第五章中詳言之。

在此期間，我也寫了一本高中歷史教科書《中國文化史》⓰；另與三民書局簽約，寫一部四十萬字的《中國通史》，未寫成，此於第六章中詳言之。

第五節　優游、陶醉於人文學術之中

從一九五〇年以後，歷經相當長的時間，台灣大學文學院是全國人文學術的重鎮。自大陸播遷來台的人文學者，旦夕間聚於一堂，北京大學、清華大學、中央大學的教授，不期然而相遇於椰林之下，學術上的盛事，無過於此。前文已介紹過哲學系方東美教授的風采；考古人類學系的李濟、董作賓教授，是國際馳名的考古學家，凌純聲、芮逸夫教授，是傑出的人類學家；外文系的曾約農教授，學通中外，英千里教授講授文學批評，精采無倫⑰；中文系臺靜農、屈萬里、戴君仁、鄭騫、王叔岷教授，經史淹貫；歷史系更是人才薈萃，精英咸集。一時自由講學，自由聽講，形成風氣。海峽風雲變幻，而弦歌之聲不絕。我身在其中，完全體會到真實情況，也深感自己優游、陶醉於人文學術之中。

中文系與歷史系的關係良好，與人文學術相輔而行的文酒之會，經常在兩系之間舉行。沈剛伯、臺靜農、夏德儀、屈萬里諸師，是文酒之會的領袖人物。沈老師於席間口若懸河，精闢之論橫溢。屈老師風趣輕鬆，幽默之語，與醇酒齊飛。他們的酒仙、酒聖、酒丐、酒棍之名，也不脛而走。沈老師有酒仙之譽，豪飲而不沉醉；臺老師有酒聖之稱，酣飲而不露聲色；夏老師不擇酒而飲，乾杯不已；屈老師酒量有名，而乾杯必談條件。飛羽觴而學術雋語，偶出其間，則是無形中的收穫。

當時台灣經濟困難，教授待遇菲薄，而教授與學生之間，情感甚篤，歡聚不已，患難與學術相接，處於富庶時代，難以想像其情況。記得屈老師有一次來翰云：

茲訂於二月二日（星期三）下午六時半，假南港新港餐廳，實踐飲酒之約。

是日下午六時左右，在史語所候　駕，以便同往餐廳。無三杯大麯量之太太，不敢奉邀。敬請　諒宥，但保證先生酒後，一定回家。附此聲明。此請

維運吾兄　台詧。

屈萬里謹訂

元月二十九日⓲

屈老師請客的情況，自此翰盡見真相。他常常請客，學生請他，也必回請。席間談笑之聲不絕。但是在講堂上，他極嚴肅，論經評史，一絲不苟。學術研究，不能沒有調劑。朝夕埋首案頭，沒有歡樂生活，研究怎能理想？中國自清盛世以後，江南盛行文酒之會，其有功於學術，不待深研而可知⓳。此可為治學者鑑。

學術界領袖胡適先生自美國返台後，鑑於大學教授之窮，建議政府，設立長期發展科學委員會（後改稱國家科學委員會，簡稱國科會），以補助學術研究。自此人文學術有了新生命。凡有志於研究者，每年可申請補助，以研究成果，換取獎金，研究成果呈現，遂極自然。以我個人而言，所寫〈清盛世的學術工作與考據學的發展〉⓴、〈西方史學輸入中國考〉㉑等文，都是在國科會補助下寫成的。當時台大文學院申請補助者甚多，獲

准的比例甚高，夠水準的作品，於是就源源而出了。

我從英國返國後，教中國通史以外，新開了中國史學史與歷史方法論兩門課。這兩門課，是李宗侗、姚從吾師所開的，他們一致約我合開，他們教第二學期，我教第一學期。以區區一講師（當時我是講師的職位），與兩位名師合開歷史系極重要的課，可謂獨得寵愛[22]。觀姚老師於一九六四年九月十五日來信云：

> 歷史方法論，兄教第一學期，弟教第二學期，可以印發些東西，供同學參考。我們立志把這一課教好。我想，互相磋商，常常反省，即令一時不如理想，久而久之，也許會慢慢好起來的。

同年九月二十三日他又來信云：

> 這一課我教得太久了，應改變，改變，但如何改法，請兄盡量貢獻意見，萬勿客氣。

自此可見姚老師在求好求變的心情下，約我合開了這門課。我們合作了五、六年，他辭世後，由我一人講授。與李老師合開中國史學史，情況也大致相同。

我矢志研究中國史學史，但是講授這門課，遠不如講歷史方法論受歡迎。不但選課的人數懸殊，內容的靈活，氣氛的融洽，也迥然不同。中國史學史我寫過三種不同的講稿，都無法使這門課教到理想㉓。歷史方法論的每一講，我以思想貫串古今中外的治史方法，年輕學子，深感興趣，發言者不絕，質疑者時有，一室之中，輕鬆討論，氣氛融洽，教書喜悅，至此而極（在兩小時的上課時間中，最後半小時，留下來自由討論）。在輔仁大學歷史系，我也開了這門課，反應情況相同。

第六節　再訪劍橋

姚從吾師於一九六五年（民國五十四年）十一月十二日來翰云：

我希望　兄必須再度把握赴美的機會，到哈佛去住一年或兩年，圓滿的完成您貫通中西史學的理想。……爭名於朝，爭利於市。目下世界學術行情，已轉移到美國，雖不公允，但事實確是如此。　兄應當把這兩個劍橋，連結起來，作一比較。這樣在個人應當是一種享受。㉔

老師愛學生，自此翰盡現。老師希望我去執二十世紀世界學術牛耳的美國深造，將英美兩個劍橋連結起來，以完成貫通中西史學的理想，其殷殷之意，感人肺腑。可是一九七四年（民國六十三年）我再出國，仍然是去英國劍橋，深負老師的希望。

一九七四年我獲得國家科學委員會的資助，再赴劍橋大學。這時大兒宗騏七歲，女兒宗蘭五歲，小兒宗驥一歲，皆在童稚之年，內子帶他們留台北，並在家中設育嬰班，收了九個娃娃。我一人隻身前往，舊地重遊，而感慨亦隨之。

別後的劍橋，風景依然。劍河仍然那麼和平、寧靜；河邊的垂柳，仍然那麼婀娜多姿；古色古香的學院，未再添蒼老之色；古木、綠茵，不減風韻。只是十年前的風流人物，大都星分雲散了，睹物憶舊，情難自已！

再訪劍橋，立下志願，不寫任何文章，全神閱讀英文書籍，凡西方涉及史學史與史學方法方面的書，皆窮日夜之力以讀之。自訂上午、下午、晚上三個時間閱讀，各限三小時。上午、晚上在寓所讀，下午在圖書館讀。我多去歷史系圖書館，凡買不到的書，那裡都有，邊讀邊作劄記。天氣晴朗之日，則外出蒐書，劍橋、牛津、倫敦的新舊書店，差不多逛遍，每次攜數冊歸來，頓覺生活內容豐富。有時買到一兩本嚮往已久而實際已絕版的書，精神的舒暢，真非筆墨所能形容。清代書迷黃丕烈曾每年祭書，我也很想向買到的書拜上幾拜了。

不寫文章，純粹閱讀，是天下最享受的事。這樣的生活，過了半年，幾十本書讀下來，感覺胸中滔滔汩汩，全是學問。可是有一天晚上，突然感覺怎麼也讀不下去了，腦子裡像是有什麼東西在蠕動，家信也不能寫，心想什麼都完了。急着去看英國醫生，醫生量我血壓，說很好，也查不出病來，開了些鎮定劑一類的藥讓我吃。以後有兩個禮拜一點書不看，只看劍河裡的水。情況轉好後，上午看書，下午以後休息。後來增加到上、下午看書，晚上休息。如此下來，直到一九七五年（民國六十四年）六月止，前後共讀了約八十本書，其中三十本係自圖書館借讀，精闢處皆作劄記；五十本自己擁有的，則用紅筆鉤出重要處，以便溫習。沉醉在書中，胸中則不寧靜，西方史學使我茅塞頓開，也使我思潮紛紜，相去遙遠的中西史學，何日暢聚在一起呢？

再訪劍橋，我是訪問學人身分，無拘無束。此時浦立本師已離開，接任劍橋大學漢學教授的是杜希德 (D. C. Twitchett, 1925–2006) 先生，他是研究唐史的權威學者，待人親切誠懇，不以學驕人，我這個學界小兵，受盡禮遇，也益使自己不敢懈怠所學。白特費爾德教授已做了副校長；以研究英國都鐸王朝（Tudors）歷史及寫《歷史的訓練》（*The Practice of History*）一書而馳名的艾爾頓 (G. R. Elton, 1921–1994) 教授，則正值盛年，有時去聽他的課，得益甚多。文學方面的課，偶而聆聽一番，藉作調劑。

導師威廉穆先生已自菲池威廉學院退休了，他知道我再來，特自蘇格蘭家鄉趕來劍橋，請我大吃一頓。當時他已七十三歲，仍然很英挺，精神奕奕，據說他能自己蓋房子。從一九六四年我離開劍橋，數十年中，每逢聖誕節，他都親手寫一封代替聖誕卡的信，遙致關懷之意。先總統蔣公辭世，他專函悼念，且憂及台灣前途。我送他一幅複製的中國畫，是畫漁夫釣魚水濱的，他欣賞極了，掛在客廳，視為珍品，來信時常提及。秀才人情，想不到有如此效果。

十年前在此任教的考古學家鄭德坤師，已去香港中文大學講學了，語言學家吳協曼教授則來此任教。他是科學家兼散文家陳之藩教授所稱譽的「今之古人」，正直，熱誠，其夫人柯翼如女士極健談，又做一手好菜，尤其做水餃、餡餅、鍋貼拿手，以致我常是座上客，寂寞之時，飢餓之際，即去吳府，大食暢談。有時談至深夜，協曼驅車送我回家，翼如一定陪車。其情其景，令人懷念不已㉕。

劍橋的路走熟了，大街小巷，村邊水畔，遍留足跡。放假之日，讀書疲倦之時，無目的的散步，精神上出現不同的境界。有時感覺海闊天空，精神無限舒暢；有時感覺天蒼地茫，像是淪於日暮倒行之客；學術上的使命感，於天朗氣清時湧現；雨霧來時，則又覺自己渺小像螻蟻；雪中信步，最歡暢；風中疾行，最淒切。讀崔衛林（G. M. Trevelyan, 1876–1962）的〈散步〉（Walking）一文[26]，於心有慼慼焉。

一九七五年六、七月之交，我離開劍橋，回到台北，與闊別一年的家人相聚，歡樂無限。一九七七年（民國六十六年）元月應香港大學之聘赴港[27]，任教台大的時代，於是就過去了。

註釋：

❶〈顧炎武與清代歷史考據學派之形成〉一文，原載《故宮文獻》第三卷第四期、第四卷第一期，民國六十一年九月、十二月。
〈黃宗羲與清代浙東史學派之興起〉一文，原載《故宮文獻》第二卷第三期、第四期，民國六十年六月、九月。

❷〈王夫之與中國史學〉一文，原載輔仁大學《人文學報》第一期，民國五十九年九月。
〈戴名世之史學〉一文，原載《故宮文獻》第五卷第一期，民國六十二年十二月。
〈錢謙益其人及其史學〉一文，原載《書目季刊》第十卷第一期，民國六十五年六月。
〈吳炎、潘檉章之史學與風節〉一文，原載《新亞學術集刊》第二期，民國六十八年。
〈清初史學之建設〉，未曾發表。

❸〈清代史學之地位〉一文，原載《史學評論》第六期，民國七十二年九月。

❹〈趙翼之史學〉係綜合舊作〈趙翼之史學〉（《大陸雜誌》第二十二卷第七期，民國五十年四月）、〈廿二史劄記考證序言〉（《新亞學報》第二卷第二期，民國四十六年二月）、〈廿二史劄記校證本前言〉（華世出版社，民國六十三年二月）及《趙翼傳》（時報出版公司，民國七十二年七月）中涉及史學之部分而新寫。

❺〈全祖望之史學〉與〈章學誠之史學〉，與《清乾嘉時代之史學與史家》一書中所論者，已頗有

不同；〈清乾嘉時代之歷史考據學〉所糾正舊作〈清乾嘉時代之歷史考證學〉（《大陸雜誌》特刊第二輯，民國五十年五月）鏤刻之誤甚多。

❻ 見附翰83。

❼ 見附翰10。

❽ 〈萬斯同之史學〉，係在第二屆國際華學會議上發表的論文，時為民國八十年十二月。〈邵晉涵之史學〉是寄往浙東學術國際研討會宣讀的，時為一九九三年三月末。

❾ 《甌北集》卷二十三〈偶書〉。

❿ 在台大歷史系講授西洋史的楊紹震師，應聘為東海大學創辦歷史系，他到任後，看到我在《中央日報》上發表的〈歷史文章〉（《學人》第一八八期，民國五十年一月）一文，極為欣賞，即約我以講師名義兼課，教中國通史，月薪台幣一千二百元，與台大專任的薪俸相等（當時東海大學的待遇最高），人人羨慕。楊老師的來信，收入附翰之中。

⓫ 留英往事，多據舊作〈初訪劍橋〉而寫，該作原載《歷史月刊》第十一期，民國七十七年十二月。收入拙著《歷史的兩個境界》（東大圖書公司，民國八十四年七月初版）。

⓬ 由於家離台大不遠，學生蠭擁而至。印象猶新者，是郎德渝、許逖、尹章義三人的不時而至。郎德渝健談，每談至深夜；許逖是哲學家，上天下地批評；尹章義考取台大歷史研究所，來報喜訊，大聲呼叫，猛力推門，竹籬笆差些被推倒。

⓭ 老友來雀戰，每至深夜，達旦者亦有之。傅樂成、易君博、何佑森、何啟民、陳捷先諸兄，都是

常客。樂成教授玩牌風度，最令人難忘。他喜歡坐大，不信邪，不知變通，正當他高唱「學生學生要立志」時，別人已將戰局結束了！輸錢時，他表現的優雅風度，無人能及。一揮千金，毫無一絲不怡。贏錢時，囂張之氣，得意之情，完全流露，各種小調，一齊出籠。不少朋友說，與他共賭，是一種享受，既可贏錢，又可娛樂，更不傷和氣。

⓮ 我寫作的地點，最初在家中，後來轉移到台大圖書館後樓上，因為家中學生湧至，雅明看我常常坐在客廳與學生清談，深感日久影響研究，於是她就讓我躲到研究室裡去，自己代我清談。所以我的早期學生，都很崇敬杜師母。

⓯ 中國學術著作獎助委員會主任委員郭廷以教授於申請著作得獎名單發表前，約我面談。他說我的著作出版後，一定暢銷，所以一萬元獎金就不給我了（有五本著作得到一萬元獎金）。我心裡想，我只想得一萬元獎金，以貼補生活，並不想出版。事與願違，無可奈何！我申請時，以「西方史家與中國史學」作書名，郭先生建議改成現行的書名，清楚甚多，在此謹致感謝之意。

⓰ 任職國立編譯館的齊邦媛教授，曾多次至寒舍造訪，約我寫高中歷史教科書《中國文化史》，感其盛情，勉強撰寫。採用十年後被代替。一般反應，認為不像教科書。

⓱ 英千里教授是台大外文系主任，我聽過他的一門文學批評的課，精采之極，學生們都不願意下課。

⓲ 見附翰33。

⓳ 清代自盛世以後，江南地區的文人學者，時常舉行文酒之會，飲酒吟詩，極盡友朋之樂，惟自相

關資料中，發現他們於酒酣之際，亦論及學術，美酒與學術相接，十分令人羨慕。嘗思有一篇精采的文章待寫，其題目可定為「文酒之會與學術研究」。不過，資料有待爬梳。遍閱清盛世以後的文集、詩集，此文可以寫成。年輕學子，盍興乎來？

⑳ 此文發表於《大陸雜誌》第二十八卷第九期，民國五十三年五月。

㉑ 此文發表於《台大歷史系學報》第三期，民國六十五年五月。

㉒ 台大歷史系老師對我的寵愛，非筆墨所能形容。一九七七年（民國六十六年）我在依依不捨的心情下離開台大，一九八八年（民國七十七年）想再回去，寵愛我的老師，已先後離校或謝世，失去支持，回去遂不可能。

㉓ 我曾以時間順序，寫了一份中國史學史講稿，講來枯燥；我又分專題寫了另外一份，遺漏甚多；從比較史學的角度再寫，好多了，仍不滿意。我於三冊《中國史學史》寫成後，全部處理了這些講稿。

㉔ 見附翰26。

㉕ 詳見拙文〈再訪劍橋〉與〈古道熱腸的吳協曼教授〉，二文收入拙著《歷史的兩個境界》（東大圖書公司，民國八十四年七月初版）。

㉖ G. M. Trevelyan, *Clio, A Muse and Other Essays*, Longmans, 1913.

㉗ 香港大學中文系徵聘一位講授中國近世學術思想史的講師，任教香港大學的好友黃康顯兄，非常熱心的建議我申請，感其盛意，試着申請，意外獲准，即辭台大前往。

第五章　任教大學以後（中）

——香港大學時代（一九七七年至一九八八年）

從一九七七年（民國六十六年）到一九八八年（民國七十七年），是我任教香港大學的時代。悠悠十二年，交際減少，生活清悠，沉醉寫作，不知其他。《史學方法論》、《趙翼傳》皆於此時寫成，也新寫了《與西方史家論中國史學》。西哲認為「閒暇是創作之母」❶，應是寓有真理之語。

香港大學中文系，相當於英國大學中的漢學系，中國文學、歷史、哲學、藝術，皆講授於其中。我應聘前往，主要負責講授中國近世學術思想史，每周上課四小時，導修數小時❷，其他時間，皆屬於自己。我習慣每天凌晨七時到研究室。港大的研究室，寬敞舒適，冷暖氣設備皆有，寫作、讀書於其中，甚是享受。繁華的東方之珠，其時與我像是風馬牛不相及。精神落寞、孤寂，自然難免。日久也就漸漸適應了❸。

第一節　《史學方法論》寫成的經緯

暢銷三十年，印行二十版的拙著《史學方法論》，寫成於寂寞的香港大學時代。其經緯約如下：

一九六一年（民國五十年）我在《中央日報》上發表的〈歷史文章〉一文，甚得師友好評，激發了我對史學理論與方法的興趣。其實那篇文章我自己並不滿意，以後一直在改寫之中[4]。此外我又寫了〈引書論〉等幾篇涉及史學方法的文章[5]，惟皆零散發揮，未成系統。系統的撰寫，是從一九七七年一月我到香港大學以後。

兩次赴劍橋，未帶走劍橋一片雲彩，心理上多少有失落之感。所欣賞的西方史學，像是在虛無縹渺之中，怎樣才能落實於中國史學的瀚海之中呢？於是想從比較中西史學方法，以連貫中西史學，開始自己新的研究工作。又適值寂寞歲月，此一區區新的研究觀念，遂使我如醉如癡地全副精神投注於撰寫《史學方法論》一書上。翰墨橫飛於中西史學方法之間，應是當時寫作的景象。

港大的課，差不多都排在下午。每天上午七時至十時是我寫作的時間。三小時中，無人干擾，文思連貫。十時以後，是閱讀、上課及作其他活動的時間。港大與台大不同的地方，台大上完課後，老師完全自由，港大則規定老師須全天留在學校，以備學生問學。因此我每天下午五時許才回到家中，回到家就完全拋開學校的一切了。

從一九七七年一月到一九七九年（民國六十八年）一月，整整兩年的時間，二十萬字的《史學方法論》寫成，全書共分二十二章，計為：

第一章　緒論
第二章　歷史與史學家
第三章　歷史科學與藝術
第四章　史學方法科學方法與藝術方法
第五章　歸納方法
第六章　比較方法
第七章　綜合方法
第八章　分析方法
第九章　史料析論
第十章　史料考證

第十一章　歷史輔助科學
第十二章　歷史想像與歷史真理
第十三章　歷史敘事與歷史解釋
第十四章　歷史文章的特性及其撰寫
第十五章　引書的理論與方法
第十六章　史學上的純真精神
第十七章　史學上的美與善
第十八章　史德與史學家
第十九章　歷史的功用與弊害
第二十章　比較歷史與世界史
第二一章　比較史學與世界史學
第二二章　史學家的樂觀悲觀與迷惑

其中〈史學上的純真精神〉、〈史學上的美與善〉、〈史學家的樂觀悲觀與迷惑〉三章，是在台大時代寫成的，未作增刪；〈引書的理論與方法〉、〈歷史文章的特性及其撰寫〉兩章，係刪改〈引書論〉與〈歷史文章〉兩文而列入。其他各章，皆係新寫❻。

陶醉於西方史學方法之中與十餘年在台大及輔仁大學講授此課，促使此書得以寫成。講課我不帶講稿，卻先準備講稿，講稿一直在改寫之中，蒐集到新資料即改寫，學生提出新意見亦改寫，以致講稿紙未黃而已被代替。書出後與講稿再相比較，又相差懸殊。以歷史敘事與歷史解釋一章而言，講稿的文字粗糙，內容簡略，比較之後，感覺不可思議，於是就將講稿悉數焚燬了！秦皇焚書，我焚講稿，其旨不同，而其焚則一。

《史學方法論》於一九七九年二月由華世出版社出版，同年十月再版。繼由三民書局印行，迄於一九九七年（民國八十六年）九月，近二十年中，共印十四版，每版盡量皆作修訂，或訂謬誤，或作增刪❼。出第七版時，增加了〈傳記的特質和撰寫方法〉一章。一九九九年（民國八十八年）大規模增訂，全書由直排改為橫排，增加了〈一部柔美的歷史〉、〈可以看到聽到的歷史〉、〈史學家的胸襟〉、〈史學方法的承舊與創新〉四章，並為〈史料析論〉、〈史料考證〉、〈歷史輔助科學〉（易名為「博學與歷史研究」）、〈歷史的功用與弊害〉（易名為「歷史的兩個境界」）、〈比較方法〉諸章，增加〈中國史學方法〉，稱第十五版。其後續出第十六、十七、十八版。二〇〇八年（民國九十七年）十一月出第十九版，又增加〈集體寫史的方法〉及〈歷史研究與靈感〉兩章。另外北京大學出版社於二〇〇六年（民國九十五年）五月以簡體字排印此書，在大陸發行。三十年中，拙著出版的滄桑如此。版本學家，寧不傷神?!

書出後不久，獲得中華民國教育部學術獎（六十七年度學術獎，時為民國六十八年十二月），並獲獎金台幣十萬元，喜出望外，戰兢不已。書的銷量亦佳，歷史系以外，中文、哲學系的學生，亦購其書。佳評更鼓勵了我。當代碩彥如嚴耕望、徐復觀、許冠三諸先生，於來信稱許以外，提出了修正的卓見❽。書評如張存武教授的〈杜著《史學方法論》讀後〉，黃俊傑教授的〈杜著《史學方法論》評介〉，范達人教授的〈比較史學新興，促其放異彩——杜維運教授比較史學觀介紹〉，羅仲輝教授的〈杜維運和中西史學比較研究〉（達人、仲輝兩教授兼評拙著《與西方史家論中國史學》、《中西古代史學比較》兩書），皆褒多於貶❾。尤須一提的是古典舞蹈藝術家劉鳳學女史也在中華電視公司「書香滿寶島」節目上，推荐此書，認為此書不但是「非常嚴肅的學術論著」，也可以「當做散文來讀，因為作者用科學的、哲學的、藝術的方法，非常有想像力的來解構各章節，簡潔、優美的文字，每篇都可以當一篇散文來讀」❿，這真是不敢承當的讚美了！數十年維運不憚其煩的修改此書，又豈是沒有原因呢⓫?顧炎武著《日知錄》，時時增刪釐正，並寄給好友，希望「一一為之批駁」⓬，不厭往復。學博識精的古人，著述的謙虛態度如此，區區末學，又怎能不勉呢？

第二節　趙翼研究與撰寫《趙翼傳》

趙翼帶我進入歷史研究的天地。他雖然不是一位精確的史學家，卻是一位胸襟開闊的史學家。論史心平氣和，沒有成見。不侷促於前人之說，超然於自己所處地域之外。感時吟詩，亦見真情。「寸寸鮎魚上竹竿，生平一第最艱難，不周山下頭曾觸，無定河邊骨欲寒」⑬，是他描述五次參加進士考試皆下第的慘狀！歸隱林泉後，則吟誦「不能立勳業，及早奉身退，書有一卷傳，亦抵公卿貴」⑭之詩以自勉。史家胸襟，詩人性情，作我引導，自覺幸運。留學英倫，指導老師浦立本教授極欣賞趙翼能突破中國史學的傳統缺陷，超越孤立的繁瑣事實之上以觀察，建議我以趙翼為中心，試探比較中西史學，博士論文題目，即定為「趙翼其人及其史學」。浦老師規定每周見他一小時，報告心得。兩年中相見約七十次，所討論者，無非趙翼的生平與史學。惟當時感覺以趙翼拿到英國劍橋大學的博士學位，並不光彩，且所獲者有限，於是遲遲未將論文寫成。返國後就將趙翼拋於九霄雲外了。一九八〇年（民國六十九年）八月我參加由中央研究院在台北舉辦的國際漢學會議，會議席上遇到浦老師，十六年後見面，我請他到一家川菜廳暢飲，酒酣之際，他問我：「趙翼傳寫成否？」因為自從我決定不去劍橋拿學位以後，浦老師信中即勉我為趙翼寫一長傳，以收知人論世之效。我是屬於唯唯諾諾一型的人，表面答應，實際上並未動筆。這次卻感覺真的要動筆了。遂於一九八一年（民國七十年）八月改寫《與西方史家論中國史學》一書完全竣事以後，傾全力撰寫，重新細讀趙翼的全部作品，全面涉獵其同時代學人的詩文集及專書，廣泛蒐羅道咸以後論及趙翼的文章，迄於一九八三年（民國七十二年）三月，接近兩年的時間，約二十萬字的《趙翼傳》寫成。趙翼研究，至此算是作了總結。

寫《趙翼傳》與寫《史學方法論》，情況完全不同。寫《史學方法論》，思想自由馳騁，精神往往虛耗。寫《趙翼傳》，則與傳主合為一人，隨之起舞，隨之喜戚，自己的思想，所能發揮者有限。加上趙翼的詼諧個性，幽默長詩，令人舒暢歡欣；其知友錢大昕、王鳴盛、袁枚、蔣士銓變成了自己的朋友⓯。以致寫《趙翼傳》兩年的歲月，匆匆而愉快的渡過。歷史研究，主題不同，方法相異，情況遂殊，難有例外。

《趙翼傳》問世以後，所得到的反應，出乎自己意料以外。出版不到一年，忝列出版者時報出版公司歷年來十本暢銷書之一⓰，同時進入七十二年度十本「最具影響力的書」的行列⓱。一九八五年（民國七十四年）二月又倖獲中華民國第十屆國家文藝獎（傳記文學類，並獲得獎金台幣二十萬元）。前輩學者及後起俊彥的撰文衡評，尤其使我受寵若驚，惶悚不已。據我所看到的評文，有楊聯陞教授的〈可謂甌北功臣——讀杜維運《趙翼傳》有感〉[18]，馮鵬江先生的〈平心論斷追收約，快意詩篇至陸蘇——略談杜維運教授的《趙翼傳》〉[19]，杜聿新先生的〈杜維運之《趙翼傳》讀後〉[20]，徐雪霞小姐的〈評杜著《趙翼傳》〉[21]，王明蓀先生的〈一編文苑定難拘——訪談《趙翼傳》的作者杜維運先生〉[22]，朱仲玉教授的〈評介杜維運著《趙翼傳》〉[23]，王基倫先生的〈評介杜維運先生的《趙翼傳》——兼談長傳的寫作要領〉[24]，謝正光先生的〈從《趙翼傳》的立論說到趙甌北在詩壇上的地位〉[25]，共計八篇。這八篇評文的作者，散居美國、台灣、香港及中國大陸，而且有數位與我是素昧生平的。他們對拙著有稱譽，有抨彈。其稱譽處，視作鼓勵；其抨彈處，願以「有則改之，無則加勉」的態度，欣然接受，以作他日改寫時的參考。

在此深值一提的，是楊聯陞教授的評論。聯陞教授是眾所周知的馳譽國際學壇的前輩學者，博學多識，尤以寫書評見長。他又是趙翼六世孫趙元任的學生，趙翼七世孫趙如蘭的老師，以致對拙著最感興趣。他一方面謬評拙著為成功之作，一方面提出修正的意見。如其中一段云：

南宋以來，儒生治生，已非所禁。朱晦菴說陸家（九淵）亦有店肆（不記原文），但生財要有節制，指其門限以示弟子。甌北先生似乎也能遵從此命。雖對食色之樂，隨緣接受，似無過奢之事。遺產如何，尚未及考。若以所見吾師趙元任先生之懿行博學，君子之澤，五世而未斬。先生天才高超（胡適先生說元任才華高過他），學問精深，不計名利。他的長女如蘭教授曾屈為我的弟子，音樂史的造詣，已是第一流，卻能謙謙君子，誠摯接人。次女以下三人分治化學物理，各有成就。誠如張隆延賀壽詩中所說，「隋珠嬌女分傳業」。

這是瞭解趙翼其人的一種新方法。

聯陞教授不但寫書評，同時來翰不已，內容所涉及者，多半屬於《趙翼傳》的問題。一九八六年（民國七十五年）夏天，他親筆寫趙翼論詩名句送我，其詩是極為馳名的「李杜詩篇萬口傳，至今已覺不新鮮，江山代有才人出，各領風騷五百年」，並題辭於其後云：「維運兄《趙翼傳》功力深厚，可稱趙氏功臣，甚堪推重，因錄甌北論詩句存念。」一段殷殷之意，感人至深[26]！

《趙翼傳》耗費歲月寫成，其缺陷仍為資料蒐集之未至齊全。一時與趙翼淵源很深的文人學者及政治人物，像劉綸、錢琦、彭元瑞、陸錫熊、諸重光、邵齊熊、錢維喬、謝啟昆、秦蘴、蔣業晉、吳省欽、張問陶、董潮、祝德麟等，其作品遍蒐不得。趙翼的手跡，所能蒐集到者亦有限。傳記資料不全，難期臻於理想。我於一九八六年夏天，赴美遨遊，利用機會，參觀了哈佛大學燕京學社圖書館，看到謝啟昆的《樹經堂文集》㉗，彭元瑞的《恩餘堂輯稿》㉘，陸錫熊的《篁村集》㉙、《寶奎堂集》㉚，蔣業晉的《立厓詩鈔》㉛，吳省欽的《白華後稿》㉜，張問陶的《船山詩草》㉝、《船山詩草補遺》㉞，董潮的《紅豆詩人集》㉟，祝德麟的《悅親樓集》㊱，尚鎔的《持雅堂文集》㊲，這些詩文集，在台灣、香港是極難看到的。我自其中輯出與趙翼有關的資料㊳。一九八七年（民國七十六年）十二月四日至六日，常州市業餘收藏協會假常州市文化館舉行趙翼手跡、著作展覽，我與內子前往參觀，赫然看到趙翼參加乾隆二十六年（一七六一年）恩科會試時的殿試卷影印本，真是喜出望外。趙翼未能中狀元，一生鬱鬱不樂，其試卷能流傳，寧非天意？據云趙翼後裔趙雲浦於北京琉璃廠古玩店發現這份試卷，便買下來，珍藏多年。大陸逆轉後，上海成立文館會，趙雲浦就將這份試卷捐給上海市博物館㊴，以致世人就可以共覽了。

歷史資料是永遠蒐集不全的，只能盡力為之。我於一九八三年寫成《趙翼傳》以後，迄於一九九二年(民國八十一年),十年之間,陸續蒐集有關趙翼的資料(一九九二年以後,未再蒐集),所盈積者可觀,屢思改寫,牽於種種原因,未能實現。將來如何,不敢逆料,惟有聽其自然了㊵。

第三節 新寫《與西方史家論中國史學》

《與西方史家論中國史學》一書問世以後,學貫中西的曾約農師認為作者是與西儒論中國史學的第一人㊶;講學劍橋大學精於考古學的鄭德坤師認為作者「態度誠懇,詞氣謙和,與諸氣浮心粗,妄自尊大者,實有天淵之別」㊷;以寫《明清社會史論》(*The Ladder of Success in Imperial China: Aspects of Social Mobility, 1368–1911*)而馳名國際的何炳棣教授,於見面之際,肯定其書在中西史學比較上的學術地位㊸。老朋友中,張朋園兄在長翰中勉以譯成英文,並續寫史學史與史學方法之書㊹;毛漢光兄也殷殷寄望有英文版問世㊺。年輕學友,評其「是一本拓荒與開風氣的著作」㊻;「是一本為外國人寫的而中國人必須讀的書」㊼。種種稱許,使我戰兢不已。其中尤以旅法學人左景權先生的教正與鼓勵,使我感銘五內,而驀然間看到人世間具有真性情的學人。

景權先生旅法數十年，攻治西洋史學史，尤精於希臘史學[48]。當一九七五年讀到拙著《與西方史家論中國史學》時，曾來信云：「閣下英年時即已議論醇正，既非如《新青年》時代作者之浮囂，亦不同買辦學者之誣罔。」[49]這是對我的鼓勵。自此以後，魚雁往返十餘年。其來翰的內容，皆涉史學，不及其他，而且一絲不苟，直言缺失，決不敷衍。如言拙著過分側重英文論著，而未能兼顧其他；過分注重形式（章節過分分明），而未能神明變化[50]，皆是卓越之見。督催我寫一部中國史學史，尤其變成了他的責任。他認為我是寫中國史學史的理想人選，希望有生之年，能看到此書問世。我寫《趙翼傳》與編輯《聽濤集》，他都認為是作游擊戰，浪費時間。一九八五年前後他曾來翰云：

> 尊著《趙翼傳》已付印，自以先讀為快。所以不能無言者，往歲權曾勸閣下省游擊戰之勞，早收主力戰之功。如趙傳自必有學術價值，但自草稿至校印，度必費時不少。換言之，尊著史學史完成之期，亦必從而遲延同樣多時間，雖云兄春秋尚富，究有可惜者。[51]

「省游擊戰之勞，早收主力戰之功」，其督催之嚴，逾於嚴師。我感其盛情，聽其忠言，而未能完全遵守（《中國史學史》寫至中途，忽寫《中國通史》，即為作游擊戰），以致《中國史學史》一書就遲遲問世了！

海內外對我的殷望如此，而自知不足，於是繼續蒐集資料，擴充知識，於十五年後，新寫此書。計自一九七九年（民國六十八年）三月至一九八一年（民國七十年）三月，凡歷時兩年，新寫本寫成，字數由十萬字增至二十萬字，持論亦有不盡同於舊著者。因名曰《新寫本與西方史家論中國史學》。

新寫本在蒐集西方正統史家及非正統史家論及中國史學的言論，較舊著有顯著的增加。舊著僅收有湯普森 (J. W. Thompson)、白特費爾德 (Herbert Butterfield)、奈芬司 (Allan Nevins)、巴拉克勞甫 (Geoffrey Barraclough)、魏吉瑞 (A. G. Widgery)、卡耳 (E. H. Carr) 等六家的言論，新寫本則增加瑞查森 (Alan Richardson)、艾爾頓 (G. R. Elton)、盧克斯 (John Lukacs)、浦朗穆 (J. H. Plumb)、葛蘭特 (Michael Grant)、馬爾威克 (Arthur Marwick)、瓦爾班德 (T. W. Wallband)、巴容 (Jacques Barzun)、麥尼耳 (W. H. McNeill)、傅爾 (N. E. Fehl)、但斯 (E. H. Dance) 等十一家的言論。西方漢學家的言論，則增加有限。維運長時期醉心閱讀西方史家（包括正統史家與非正統史家）討論史學之書，其點滴涉及中國史學者，即劄記別紙，積久遂多。西方漢學家的作品，則涉獵不勤，倉猝蒐讀，難及萬一，這是極為遺憾的。

與西方史家論中國史學，應寫成英文、法文、德文等文字，直接與之討論，始有發揮作用的可能。博學而度量寬宏的張其昀先生，在教育部長任內，曾對我說：「你用英文寫一部論中國史學的書。」當時我尚在英年，所以他如此勉勵。數十年來，我廣讀英文論史學之書，而不敢以英文馳騁筆墨。「言之不文，行之不遠。」中外皆然。英國史學家柯靈烏（R. G. Collingwood, 1889–1943）的《歷史思想》（*The Idea of History*）一書，其中的學說，每受英國史學界的批評，而其文章的優美，人人讚譽，其學說遂隨之而廣傳。卡耳（E. H. Carr, 1892–1982）的《何謂歷史》（*What is History?*）一書，內容並不豐富，論見多待商榷（歐美史學界評之者甚多，此有待以專文討論），而於一九六一年問世後，暢銷全球。所以能如此，文章的雅潔，應是扮演了最重要的角色。歷史須託文字以傳。以外文生花之文筆，傳中國博大精深之史學，這項重任，只有留待年輕的史學家去完成了。

第四節　僕僕風塵於港、台之間

留學英國，感覺「台北市是全世界最可愛的地方」[52]；講學香港，也有這種感覺（三十年後的今天，已沒有這種感覺了）。老師，老友，從遊的學子，都在那裡。論學，暢敘，謙集，歡樂之情，塵世罕有。同時那段時間，正是台灣經濟起飛之日，市面繁榮，族群和諧，進入豪華餐廳，男女經理，熱情有禮，比起香港女侍的冷漠，判若霄壤。因此赴台北一遊，是衷心最嚮往的。而其時大型的國際學術會議，常常在台北召開，假學術之名而遨遊，調劑了香港的寂寞生活。

國際漢學會議、中華民國建國史討論會在台北召開時，供應飛機票，住五星級飯店，出席費、論文費、演講費，無不慷慨致送。一席之談，所獲無窮，誰不欣然就道呢[53]？我大約在那段時間，參加了此類會議三次，所撰論文，分別為〈西方史家心目中的中國史學〉、〈民國以來的學風〉、〈民國史學與西方史學〉[54]。其中〈民國以來的學風〉一文，掀起了風波，應敘述於此。

寫文章盡量心平氣和，是從台大錢思亮校長召見我以後所作的努力。然而當觸及民國以來的史事時，往往情緒激動，無法壓抑。對於學問一無所知的吳虞，因為說了一句「打倒孔家店」的話，被封為「打倒孔家店的老英雄」[55]，怎能讓人氣平呢？錢玄同瘋狂地欲將中國文字，一舉而盡廢之，倡言「欲廢孔子，不可不先廢漢文；欲驅逐一般人之幼稚的野蠻的頑固的思想，尤不可不先廢漢文」[56]，其魯莽滅裂的程度，怎能不使人感慨萬千呢？我在〈民國以來的學風〉一文中，直接指出民國以來的自由學風，變質為輕浮、囂張、謾罵的學風，否定歷史上的一切。萬世師表的孔子，成為被破壞的主要對象；維持社會秩序數千年的禮教，流於吃人的鬼魔；中國優美的文字，必欲盡去之而後快；中國豐富的文化，全部吐棄之曾無憐憫之情。沒有堅實的證據，不作深入的研究，一夕之間，往往就將否定數千年的大文章寫出來[57]。其武斷如此，我以犀利、感慨之筆，據史實寫出，報告時雖和緩其詞，而無法弭止會場上一片撻伐之聲。研究中國近現代史的朋友，差不多都不同意我的論見。我虛心聆聽，未作激辯，只想到自由學風，「須基於寬容，以謙沖之懷，和樂之情，平心靜氣地討論學術上的不同問題」[58]。我回香港後，據老朋友相告，報紙上不時出現反對我的文章。餘波盪漾，歷久而止。

天下事往往出現兩極。大哲學家牟宗三教授當面稱讚我這篇文章很有思想，一般史學家寫不出來；學長兼好友的哲學家黃振華兄來翰許其「立論公平謹嚴，褒貶恰當」[59]；時相過從的文學家羅聯添兄並將其發表在《書目季刊》上[60]，以廣流傳；《龍旗雜誌》也刊載了這篇文章[61]。史學家批評，哲學家、文學家欣賞，我是否應當研究哲學或文學呢？

藉開會赴台一遊，時間匆匆，興未盡即遄返，風塵僕僕。休假赴台講學，則是最為歡欣鼓舞的。

港大休假制度理想。我於一九八四年（民國七十三年）休假，遂藉機客座台大歷史系一年，講授「中國史學史專題研究」與「史學方法專題研究」兩課。在「中國史學史專題研究」課上，遇到六、七位以上才華橫溢的學生，論學精見疊出，譏集追逐不已62。宋德熹、王健文、葉泉宏三君，並為我編輯了《聽濤集》一書，在我的寫作史上，留下新的一頁。

香江作客，濱海而居。無際海面，碧綠浩瀚，沁人心神。清風起處，萬千漣漪，幻成美麗奇景。三五帆影，點綴其間，更添詩意。一旦暴風雨來臨了，海面立刻呈現猙獰面目，洶湧波濤，挾帶駭人的嘯聲。高樓聽濤聲，像是置身歷史的風雲中。波濤捲不走你，濤聲駭不掉魂，但是你的思想與情緒，卻隨之而奔馳。直到濤聲聽不到了，才一切歸於寧靜了。

香江所居，自名為聽濤樓，德熹等因名所輯為《聽濤集》，由臺靜農師題字（《趙翼傳》亦由靜農師題字），共收論述十五篇，評介四篇，追憶五篇，訪談錄一篇，並附德熹等所寫很有感性的後記。於一九八五年（民國七十四年）十一月由弘文館出版社出版。

《聽濤集》出版後，楊聯陞教授首先來翰評論。他認為「師友回憶數篇，可為別傳之模範」，惟集中「用語嫌於過當」，蓋「胸中久著不平之氣，落筆難以自制」。〈民國以來的學風〉一文中所用的「驕傲」二字，他認為可易為「自負」；對疑古學派，亦應重估。洋洋灑灑兩千言，平情論學，盡現學者的風采，感人之深，筆墨難述[63]。

聯陞教授在另一來翰中，對我提出正面的建議：

> 足下年富力強，本錢足時，當作大生意。如教學之暇，尚有餘力，可選一大題目，西人、日人及大陸諸公尚未動者，下五年至十年功力，成大著一種，老來可以自豪。著作時應以學與思為主，不必特重文字。[64]

對於後者，我時時警惕自己，不要太雕琢文字；對於前者，我曾與從遊的邢義田討論，義田來翰云：

> 楊先生建議不必寫史學全史，僅就吾師不同流俗之特見，分別為文，其議固不無可取，唯亦不無可商。生反覆思慮，總以為清儒以來，治史多見零金碎玉，少見全盤通說。楊先生本人為學，似亦承清人餘緒，長於零篇散議，而少鴻裁鉅製。遺風綿延，迄今不但沒有中國史學史通說，亦不見一部流傳天地的中國通史。《廿二史劄記》、《日知錄》誠然可貴，史遷「通古今之變成一家之言」的氣魄，

又豈是清儒所能望其項背？吾師治史學史數十載，於中國史學之特質與發展，自有一套識見。和盤托出，成一家之言，又何遑多讓？稍假十年之力，通古今史學之變，成百萬言之鉅製，則史學千載之功臣，非師莫屬。書成之日，敬備美酒千斛，此生馨香禱祝者也。

學生愚鈍，斗膽陳言，何者為是，吾師自有裁決。[65]

作史學千載之功臣，又有美酒千斛，於是我就採納義田的建議，決定撰寫一部中國史學的全史了。

註釋：

❶ 法國思想家伏爾泰 (Voltaire, 1694–1778) 之語。早年讀書時，遇到此語，極欣賞之，即劄記下來，未注出處。現在已查不到出處了。

❷ 我在港大中文系開的課，除了中國近世學術思想史以外，也與其他老師合開中國史、史學導論一類的課，多半是四個人合開。在港大開課，相輔而行的是上導修課，與學生討論所講課程的內容。學生用廣東話發問，我用國語回答，兩者之間，出入極大。最初三年，需要會講國語的學生翻譯，其後我就自己猜謎了。因此在港大教書，與在台大迥異。淋漓發揮，引起共鳴的場面難見。不少學生選修我的課，像是意外。

❸ 台大歷史系學長章群教授進港大中文系後，我們兩人在中午常常共進午餐，喝一瓶紅酒，上天下地暢談，精神之孤寂，為之頓消。港大中文系主任馬蒙、何丙郁、趙令揚教授，皆以禮相待。同事黃兆傑、何沛雄、金發根、單周堯、陳耀南等，皆相處融洽。

❹ 〈歷史文章〉收入《史學方法論》以後，易名為「歷史文章的特性及其撰寫」，後又易名為「歷史文章的特性與風格」，惟皆覺未臻理想。相關資料，迄今仍在蒐集中。

❺ 〈歷史與方法論〉（《出版月刊》第八期，民國五十五年一月）、〈史學史與史學方法〉（《二十世紀之科學》(九)史學，民國五十五年十月）、〈引書論〉（《史學彙刊》創刊號，民國五十七年八月）、

〈史學上的純真精神〉《思與言》第八卷第六期，民國六十年四月）、〈史學上的比較方法〉《中央圖書館館刊》新七卷第二期，民國六十三年九月）、〈史學上的美與善〉《國立編譯館館刊》第四卷第一期，民國六十四年六月）、〈史學家的樂觀、悲觀與迷惑〉《台大文史哲學報》第二十四期，民國六十五年七月）等文，都是在任教台大時代寫成的。

❻ 我於《史學方法論》初版〈自序〉中談及〈比較方法〉一章，係舊作，有待修正。〈比較方法〉與舊作〈史學上的比較方法〉，差別甚大，難以一概而論。

❼ 拙著《史學方法論》第五版後記云：

「君子之學，廓然而大公，物來而順應，故聞一善言，見一善行，若決江河，沛然莫之能禦。」（《日知錄》「艮其限」條）生平治學，最服膺顧亭林斯言，常置座右，以自策勵。拙著《史學方法論》自民國六十八年二月問世以來，三年多的時間，印行了五版，讀者的熱烈反應，給了我鼓勵，也使我萬分惶恐。嘗思就最不滿意部分，詳加修訂，而患不能。僅於每出新版之際，對字句間的誤謬，略作校正。約計第二版時校正誤謬六十餘處，第三版時校正誤謬四十餘處，第四版時校正誤謬五十餘處，今出第五版，又校正誤謬數處。誤謬的發現，有出於自我者，有出於師友的指教者。以師友論及拙著的來信而論，已積至五十餘封，短者數十言，長者近萬言。其中精見疊出，如徐復觀、左景權、嚴耕望、許冠三、杜聿新、胡昌智諸先生的來信，皆能啟我茅塞。張存武、黃俊傑兩先生的書評，尤其提出了許多寶貴意見。將來拙著動大手術時，必一一斟酌採納。現在僅取其涉及字句之小者。特記於此，聊表謝意。

國家崇獎學術，拙著於出版後不久，即倖獲教育部六十七年度學術獎，興奮之餘，戰兢不已。惟期亡羊補牢，時作修正，以贖過愆。

中華民國七十一年八月杜維運記於香港聽濤樓

按此後記僅見於第五版，其他版皆不見，故附於此。

❽ 詳見拙著《史學方法論》增訂新版〈增寫版自序〉。

❾ 同上。

❿ 文載《書香滿寶島》（行政院文化建設委員會出版，一九九七年十二月初版）頁一九二至一九三。

⓫ 三民書局本來想買拙著《史學方法論》的版權，內子雅明鑑於史學家傅樂成的一部《中國通史》為大中國圖書公司賺了一棟大樓，而作者則極窮，於是建議留版權，自己出版，由三民經銷，結果書極暢銷，更可以時時修改，一舉兩得，賢內助之功，值得表彰。

⓬ 《亭林餘集・復陸桴亭札》。

⓭ 《甌北集》卷三十八〈七十自述〉。

⓮ 同上卷二十三〈偶書〉。

⓯ 差不多一年多的時間，我幾乎每天下午都到港大馮平山圖書館看清乾嘉時代以後的詩集與文集，

不借出來，就在裡面看，遇到與趙翼有關的資料，就複印或作劄記。圖書館管理員看我這個不年輕的老師，很驚訝怎麼會如此用功呢？回到家後，與內子所談者，無非趙翼的學問與交遊。有一天，內子忽然問：「你怎麼不請趙翼、錢大昕來家吃飯呢？」我說：「請不來了！」此可作談助，故附述於此。

⑯ 名列第六，見《新書月刊》第八期，民國七十三年五月出版。

⑰ 名列第九，見《新書月刊》第四期，民國七十三年元月出版。

⑱ 《中國時報・人間副刊》，一九八三年十二月。

⑲ 《華僑日報・人文雙周刊》，一九八三年十二月。

⑳ 《中華雜誌》總二四九期，一九八四年四月。

㉑ 《鵝湖月刊》，一九八四年九月號。

㉒ 《新書月刊》第二十一期，一九八五年六月。

㉓ 《中國史研究》，一九八五年第三期。

㉔ 《幼獅月刊》第三九八期，一九八六年二月。

㉕ 《明報月刊》第二四〇期，一九八六年七月號。

㉖ 楊聯陞教授所贈手跡影本，附於拙著《憂患與史學》（東大圖書公司出版，民國八十二年一月初版）一書後。

㉗ 謝啟昆《樹經堂文集》，嘉慶刻本。

㉘ 彭元瑞《恩餘堂輯稿》，道光丁亥刻本。
㉙ 陸錫熊《篁村集》，道光己酉重刻。
㉚ 陸錫熊《寶奎堂集》，道光己酉重刻。
㉛ 蔣業晉《立厓詩鈔》，嘉慶己未刻，交翠堂版。
㉜ 吳省欽《白華後稿》，石經堂藏版，嘉慶十五年刻。
㉝ 張問陶《船山詩草》，嘉慶己亥刻本，較同治甲戌重刻本為佳。
㉞ 張問陶《船山詩草補遺》，道光己酉刻本。
㉟ 董潮《紅豆詩人集》，道光己亥刻本。
㊱ 祝德麟《悅親樓集》，嘉慶二年刻本。
㊲ 尚鎔《持雅堂文集》，同治七年刻本。
㊳ 詳見拙文〈關於《趙翼傳》的新資料〉（載於《故宮學術季刊》第七卷第四期，民國七十九年夏季），收入拙著《憂患與史學》。
㊴ 見趙爭〈趙甌北及其著作〉一文，一九七九年四月廿五日油印本。
㊵ 我於《史學方法論》、《與西方史家論中國史學》一再糾謬與改寫，對於《趙翼傳》，則雖蒐集了新資料，而未將其增入，出版問題，是原因之一。希望將來能有新版問世。
㊶ 見附翰2。
㊷ 見附翰34。

43 一九六六年劉崇鋐師介紹我與何炳棣教授見面，見面地點是新公園前面的太陽飯店（現在已不見了），炳棣教授言談間頗欣賞拙著《與西方史家論中國史學》，當時我有受寵若驚的感覺。

44 見附翰56。

45 見附翰66。

46 文光是一位年輕人，刻苦自學，有志研究中共黨史，主動來翰，喜其見解不群，故附其翰。其來翰時間，是一九六九年六月十五日。見附翰76。類似文光的青年朋友，不曾相見，僅通翰墨，尚有八、九位之多，惜其翰多不存。

47 學生許遜於《東方雜誌》復刊第二卷第六期寫了一篇〈一本為外國人寫的而中國人必須讀的書〉評文。時為民國五十七年十二月一日。

48 左景權先生於一九七八年出版《司馬遷與中國史學》(*Sseu-ma T'sien et L'historiographie Chinoise*)一書，用法文寫成。又著《希羅多德與司馬遷》(*H'erodote et Sseu-ma T'sien*)，亦用法文寫。

49 見附翰15。

50 見附翰15。

51 見其來翰，惟未收入此輯。

52 見拙文〈初訪劍橋〉。

53 在我所認識出席台灣舉辦的國際學術會議的學者，對台灣當局的慷慨，無不嘖嘖稱奇。學術因慷慨而傳播，是值得的。

54 民國七十年十月出席中央研究院舉辦的國際漢學會議，我提的論文是〈西方史家心目中的中國史學〉；民國七十二年八月出席中華民國建國史討論會，我提的論文是〈民國以來的學風〉；民國七十五年五月出席孫中山先生與近代中國學術研討會，我提的論文是〈民國史學與西方史學〉。

55 詳見拙文〈民國以來的學風〉，見《中華民國建國史討論會論文集》，民國七十二年八月出版，收入拙著《聽濤集》（弘文館出版社，民國七十四年十一月初版）中。

56 錢玄同〈中國今後之文字問題〉（見《中國新文學大系》）。

57 見拙文〈民國以來的學風〉。

58 同上。

59 見附翰51。

60 《書目季刊》第十五卷第三期，民國七十年十二月。

61 《龍旗雜誌》第十期，民國七十年十二月。

62 「中國史學史專題研究」一課，限於博碩士研究生選修，當時選修的宋德熹、王健文、吳展良、葉泉宏、吳翎君等六、七位以上的學生（彭明輝像是聽課而未選修），好學深思，也長於安排讌集節目。猶憶上課兩周後，王健文說：「請老師在台大校門口吃晚餐。」我自然欣然同意。一席之宴，無限歡欣。我即席說：「兩周後原地原班人馬再見。」他們自亦欣然。不意足智多謀的健文，臨時將同班同學，才女兼美女的林玥秀、簡惠美調上陣，二女健談且能飲，場面自然融洽，而飲酒則已「超過」了！自此以後，時時讌集，回憶起來，像是過了一年的名士生活。

63 見附翰13。

64 見一九八五年十二月二十二日楊聯陞教授來翰。

65 見附翰71。

第六章　任教大學以後（下）
——政治大學時代（一九八八年至二〇〇一年）

第一節　側身政治大學的愉快

學問未至精深，精力尚有餘剩，即棲身林泉，與世隔絕，所得者為悠閒，所失者無窮盡。我自香港大學退休時，年齡未至大耋，本想回母校台大任教，以盡棉薄之力，然其難如千山萬水相阻❶，意外政治大學相邀❷，十餘年側身其中，愉快之情，筆墨難述。

學術上有正統與非正統之爭，主流與非主流之別❸。正統所在，主流所趨，舉天下風靡，莫可遏禦；非正統與非主流，則銷聲斂跡，若不存在於人間。然學術上的成就，是否盡在正統，全歸主流？清乾嘉時代，崔述與章學誠，皆在正統與主流學派以外，而其學術成就，百年以後，光耀寰宇。徒徇其名，不究其實，真學術將不可見。

政治大學歷史系，非當今史學界的正統與主流，然其學術成就，不容忽視，側身其中，尤有無限舒暢之感。正統學派的驕矜之氣不見了；微波細流，不似主流的急湍。領導系所的閻沁恆、蔣永敬、王壽南諸公，度量寬宏；講學其間的徐玉虎、顧立三、何啟民、張哲郎、林能士、吳圳義、胡春惠、周惠民諸教授，謙虛溫雅；時時讌集，雍熙和諧；師生相處，歡欣無限。學術傳授於輕鬆氣氛之中，濟濟英才，遂競出於其間❹。

我在政大，無異作客。一生飄流，長於作客。客人首須謙沖合群。我在政大，凡系所舉行任何聚會，無不欣然參加；講授課程，悉請系所安排。與學生處，以敬以禮；廣納異見，不現慍色；我也是從來不曾向學生發脾氣的老師，就像我從來不曾向子女發脾氣一樣❺。和藹而非嚴師，啟發有餘，而督導不足，這應是我的缺陷了！

政大以外，學術圈的朋友，時相過從。易君博、文崇一、何佑森、羅聯添、張存武、陳捷先、管東貴諸兄，都是暢敘不已的朋友。一席之談，偶及學術，收穫即大。治學之人，終日案頭，言必及義，效果未必理想。適時調劑，藉以舒發，神秘學問，自此而出，往往如此。「思有利鈍，時有通塞。……清和其心，調暢其氣，煩而即捨，勿使壅滯。意得則舒暢以命筆，理伏則投筆以卷懷。逍遙以針勞，談笑以藥倦。」❻大文學批評家劉勰所論，應是千古至言。然則酒食徵逐之友，又何嘗不是學術功臣呢？

家庭方面，內子雅明帶小兒宗驥赴溫哥華讀中學，我帶老大宗騏及女兒宗蘭來台灣讀大學。三小曾在英國伊里 (Ely) 的皇家學校 (The King's School) 讀書，一九八八年宗騏、宗蘭以僑生身分申請到台大土木工程系及中文系，所以一起來台灣。三人相伴，輪流煮飯，時難下口，常去餐廳，餐廳女侍，讚我是最好的爸爸，其然豈其然呢？這時我不去政大研究室，完全在家中看書寫作，看在宗騏、宗蘭眼中，驚訝「爸爸怎麼那麼用功呢？」我在港大時，回到家中，即吃喝玩樂，不務正業，三小隨之鬆懈。身教勝於言教。千言萬語督促子女讀書，自己則逍遙自在，子女怎能心服呢？

第二節　傾力撰寫《中國史學史》

㈠比較中西古代史學與撰寫《中國史學史》第一冊

撰寫一部中國史學史，是我的志願，我也極願將中國史學置於世界史學之林。因此我用了十年以上的時間，研究清代史學，更用了二十年以上的時間，瞭解西方史學。擴大範圍，迂迴作戰，以致到我認真執行撰寫工作時，我已接近六十歲的高齡了。鬚髮已白，汗青無日，朋友憂心，又豈無因❼？

一九八七年（民國七十六年）的春天，我開始進行《中國史學史》的撰寫工作。我的計畫，分三個階段進行，寫成三冊。第一個階段，寫先秦兩漢的史學；第二個階段，寫魏晉至唐中葉的史學；第三個階段，寫晚唐迄晚清的史學。當時我先從第一個階段開始，差不多用了一年以上的時間，遍讀東漢以前的載籍，這是一種「地氈轟炸」式的方式，不管經史子集那一方面的書，皆不放過，遇有與史學相關的資料，即劄記之。西方同時期的史學，亦注意其發展，希臘、羅馬的史學，時時湧現腦際。於是先寫成《中西古代史學比較》一書❽，以作前驅。其後教學工作頗忙，雜文應酬不斷，撰寫工作，甚受影響。一九九一年（民國八十年）起，排除萬難，傾全力撰寫，迄於一九九三年（民國八十二年）盛夏，第一冊寫成，約二十三萬言，辛苦之餘，歡欣不已！

撰寫時的情況，是值得向讀者一提的。攜資料奔波於香港、台北、溫哥華三地之間（先任教香港大學，繼任教政治大學，又時去溫哥華），風塵僕僕之勞，不用說了。資料的輾轉檢查，幾部史學名著的反覆閱讀，皆非開始閱讀資料時所能逆料。以《左傳》、《史記》、《漢書》三部書來講，讀過的遍數，無法計算。欲透視其中的史學，非如此反覆卒讀不為功。史學名著的史學，其精華往往含蘊於其中，而非暴露於其外。涵泳既久，始能窺其堂奧。言及此，對於西方古代史學的瞭解，實有無限隔膜之感。文字上的障礙，無法從原始的希臘文、拉丁文進窺西方古代史學的精髓，而僅能自英譯作品中彷彿其神似，這是無限遺憾的。以致西方近代史學家的研究，變為最主要的根據。如比瑞（J. B. Bury, 1861–1927）、柯靈烏（R. G. Collingwood, 1889–1943）、白特費爾德（Herbert Butterfield, 1901–1979）、蒙彌葛廉諾（Arnaldo Momigliano, 1908–1987）、葛蘭特（Michael Grant, 1914–2004）、芬利（M. I. Finley, 1912–1986）諸家之說，皆屢屢引用，沒有這些根據，雖一字之微，不敢妄參末議。自希臘文、拉丁文的著作，認識西方古代史學，此一艱鉅工作，謹寄望於後起的英年史學家。

《中國史學史》第一冊寫完後，我初步認識到獨領風騷二千年的西方古代史學，與中國古代史學比較以後，其地位已不再獨尊；中國先秦、兩漢的史學，在很多方面，已超越了希臘、羅馬史學。其極值世界注意者有五：

1. 研究史學的起源，從中國最能得到令人興奮的發現

西方近代史學家認為刺激歷史記錄的在最初不是對過去發生興趣，不是所謂歷史的興趣。希臘思想界且錮蔽於反歷史的趨勢之中。西方所恃以傲世的史學搖籃希臘，其史學地位的低微如此。反觀中國，自遠古時代起，設立了及時記載天下事的史官，這是破世界記錄的。中國史官的記事，起源於歷史的興趣，是為了綿延歷史。史官為保留真歷

史，每冒生命危險。史學家根據史官的記錄以寫成的歷史，為垂鑑戒，也為存往事。為歷史而歷史，史學上的理想境界，在中國的古代即已出現了。這是世界史學的珍貴遺產，值得舉世重視。

2. 史學上的紀實與求真，中西古代各領風騷

中國在古代，史學上的紀實，即已出現。史官直書，「君舉必書」，「書法不隱」，是紀實；良史「善序事理，辨而不華，質而不俚，其文直，其事核，不虛美，不隱惡」，也是紀實。極早出現的史官記事制度，以及學術界瀰漫的「多聞闕疑，慎言其餘」的闕疑原理，使史學上的紀實，如泉湧而出。西方的古代，史學中未嘗出現闕疑，史學家寫史，大用修辭學的方法，於虛空中想像，而不求文獻的根據，以致西方必待十九世紀以後，才出現「暴陳往事真相」的史學格言。如此比較起來，在史學的紀實方面，西方落於中國之後，已不待深辨。

史學上的求真，在中國與西方的古代，同時出現。而所到達的境界，西方超越中國。西方古代隨着懷疑理性主義的出現，求真的史學理論，放射異彩。如希臘史學家即覺悟到事實本身必須考察，而且為求真而避免過度的褒貶。羅馬史學家則倡言歷史的第一鐵律為不懼披露真理，第二鐵律為勇敢的披露全部真理。這是史學求真理論的極大發揮。

中國《尚書》中的「曰若稽古」四字，是稽考故實之意。荀子所謂博學、審問、慎思、明辨、篤行，是求真的方法論。韓非子不相信儒墨的真堯舜，而提出參驗之說，是求真的真知灼見。所以在中國的古代，凡事求真，為一普遍現象，於是史學上求真的考據學便誕生了。惟中國儒家盛倡「為親者諱」，「為賢者諱」，「為尊者諱」，「為中國諱」，遂使中國史學上的求真，蒙上了陰影，而不能企及於西方。

3. 中西古代史學著述，根據的資料絕異

中國記事的史官，留下了大量文獻資料。西方未有史官，文獻資料缺乏。到西元前五世紀時，希臘史學家寫史，不得不遵守「寧信口頭傳說而不取文字證據的原則」。希羅多德主要根據口頭傳說以寫成其大著《波斯戰史》。修昔底德撰寫《伯羅邦內辛戰史》，進一步認為直接觀察和目擊者的口頭報導比文字證據更為可取。到羅馬時代，雖然文獻資料已比希臘時代豐富，但是史學家仍然沿襲希臘傳統，主要採用口頭傳說以寫成其歷史。中國古代的幾部史學鉅著，如《尚書》、《春秋》、《左傳》、《史記》、《漢書》，皆以堅實的文獻資料作根據。詳贍浩博的《史記》、《漢書》，更是文獻的淵海。中西古代史學著述所根據的資料不同如此，孰優孰劣，昭然若揭。

4. 中西古代史學著述的範圍，不盡相同，內容亦異

西方古代史學著述的範圍，在時間上以近代史與現代史為界限，在實質上以政治史與軍事史為經緯，約略觸及文化史與世界史的邊緣。中國古代史學著述的範圍，就時間上講，已從近代史、現代史擴展至貫穿數千年的通史，其近代史也非限於數十年的時間，往往長至數百年之久；政治史、軍事史以外，更擴大到經濟史、社會史與學術文化史的範圍；史學家也將眼光及於所知的整個世界，而世界史出現。

中西古代史學著述的範圍不同如此，其內容遂相殊異。西方古代史學著述的內容，其精采處，盡在政治與軍事方面。其寫及波斯與希臘的戰爭，迦太基與羅馬的戰爭，皆生動曲折而撼人心弦；其陳述政治性與軍事性的演詞及文告，皆波瀾壯闊而內容精湛。中國古代史學著述的內容，則具體而詳贍的呈現歷史萬象，政治、軍事以外，社會、經濟、學術、文化，皆一一涉及，所載優美的辭令、經世的文章，尤增特色。如此比較，其不同可見。

5. 中西古代史學著述的精神境界，各有開闢

西方古代史學著述的精神境界之一，是探究真理。希臘被認為是第一個民族論及過去的事件，能具有科學的風度；於是希臘沒有絕對的歷史，沒有確定的故事，只有推理的重建。西方史學在希臘史學這種探究真理的傳統下，其成就遂傲視寰宇。

實用與教訓，是西方古代史學著述的另一精神境界。修昔底德認為曾經發生的正確知識，將會有用。其著史，目的在用歷史指導將來，用歷史教育政治家與軍事家。波力比阿斯進一步主張歷史必須在生活方面施教育，歷史是政治生活的學校與訓練地。

中國古代史學著述的精神境界，另是一番天地。孔子作《春秋》，「上明三王之道，下辨人事之紀，別嫌疑，明是非，定猶豫，善善惡惡，賢賢賤不肖，存亡國，繼絕世，補敝起廢」，這是以歷史維持人類文明的境界，於是《春秋》講究書法。所謂「《春秋》之稱，微而顯，志而晦，婉而成章，盡而不汙」，是《春秋》書法；所謂「內諸夏而外夷狄」，「為尊者諱，為親者諱，為賢者諱」，是《春秋》書法。《春秋》書法，使中國的褒貶史學，應運而興。「別嫌疑，明是非，定猶豫，善善惡惡，賢賢賤不肖」，是清清楚楚的一套褒貶史學。《春秋》使中國的史學，到達了以歷史維持人類文明的境界。這是一個崇高的境界，完全呈現出歷史的真價值。

㈡撰寫《中國史學史》第二冊

一九九三年（民國八十二年）八月在我寫完《中國史學史》第一冊時，即開始寫第二冊，遍閱魏晉至晚唐的載籍，迄於一九九七年（民國八十六年）十一月，歷時四年寫成，約二十二萬言，與第一冊相等。

我曾預計第二冊自魏晉寫至唐代中葉，可是經過長時期的研讀資料與觀察史學發展的情況時，覺晚唐的史學與唐中葉以前的史學，不能分開。一朝一代的史學，有其特殊性與整體性。所以第二冊仍以晚唐為斷限。五代以後，歸入第三冊。

自魏開國，迄於唐亡，近七百年（西元二二〇年至九〇七年），是中國的中古時期。在此期間，政局的分合，民族的紛擾，經濟的榮枯，變幻無窮，罄南山之竹，史學家無法窺其端緒，明其軌跡。可是在史學上，卻有其發展的大脈絡，大趨勢。其繼承傳統史學之跡甚為明顯；其創新史學之處比比而是；史學的洪流，滔滔若江河澎湃；歷史的威嚴，凜凜似秋風凜冽；寫史英才，風起雲湧，珍貴史籍，繽紛披陳，是空前的盛況；社會人群，維護歷史，國家要道，借鏡往蹟，是罕見的現象；馴致時代愈衰，史學愈盛，國家愈強，史學愈大，這是史學的大時代。

中國中古時代的史學，與西方的中古史學相比較，其光采益爛，其世界的地位與價值益顯。

西方的中古（the Middle Ages），亦即所謂中世紀，是從西元四七六年羅馬帝國滅亡到十三世紀末期義大利文藝復興前夕，約八百年。與中國的中古時代，不相符合，其結束已到了中國的元代。在此期間，蠻族入侵，造成歐洲的混亂，社會沉醉宗教，膜拜神明，史稱「黑暗時期」(Dark Age)。此一時期的史學，完全浸淫於神學之中，寫史的史學家，絕少不是出自僧侶階級，主教、神父、修道士都是歷史的秉筆者。他們熱衷從《聖經》中尋找歷史的解釋。神話、奇蹟、傳說，皆奉為信史。他們虔誠的相信，人類歷史操縱於上帝不可思議的手中，歷史上所發生過的一切事件，皆為上帝所安排，不可避免。歷史至此，已與宗教合一，希臘、羅馬史學的成就，為之蕩盡。十九世紀德國史學家西貝爾 (Heinrich von Sybel, 1817–1895) 曾施以激烈的批評云：

> 那個時代，沒有歷史判斷 (historical judgment) 的觀念，缺乏歷史真實 (historical reality) 的意識，毫無精密省察 (critical reflection) 的傾向。宗教的權威主義，至高無上，維護傳統，包庇教條。人們處處要信仰，而不去考察，想像壓倒了理智，在理想與真實之間，詩意與歷史真理之際，沒有界線。英雄史詩被認為是真實而崇高的歷史著作形式，歷史處處被史詩、傳說與各類詩意小說所取代。歷史緩慢發展的過程，歸因於一件簡單的大事，一個簡單的人物。被承認的神聖時代，其歷史為虛構，其史料係偽造。幾乎沒有人考慮到去省察。真偽已引不起

人們的興趣，只要能吻合既有的權利，普遍的興趣和流行的信仰就足夠了。[9]

二十世紀英國史學家顧屈 (G. P. Gooch, 1873–1968) 於其大著《十九世紀的史學與史家》(*History and Historians in the Nineteenth Century*) 中則云：

> 中世紀……不知印刷為何物，書籍缺略，對文獻的批評，尚未開始，也沒感覺有批評的必要。沉醉於僧院圖書館的珍藏之中，虔誠的編年家不停的搜索，而鈔錄較早編纂物的錯誤於其作品之中。雖然偽造證狀為一正常的商業行為，辨偽的方法，尚未發明，文字記錄的事件，無條件接受，對傳統的認同，保證了每日發生的事件的真實。最後，中世紀的氣氛，浸淫於神學之中。……歷史是說教，而非科學，是基督證據 (Christian evidences) 中的運用，而非無偏私的嘗試追尋與闡釋文明的發展方向。[10]

從以上西方近代史學家的評論，可知西方中古時代，沒有歷史判斷的觀念，缺乏歷史真實的意識；文獻當前，盲目接受；批評文獻真偽以進窺歷史真相的工作，尚未開始，也感覺沒有批評的必要；歷史的發展，歸之簡單的因素；歷史的作品，流於史詩、小說的形式。情形如此，清楚說明西方史學已自希臘、羅馬燦爛的史學，退至史學的洪荒時代。所以西方中古的史學，已無法與中國中古的史學相比較，這是事實，可與天下共鑑。

第三節　講授中國通史四十年與撰寫四十萬字的《中國通史》

左景權先生殷望我傾全力寫一部中國史學史，主力進擊，不作游擊戰。寫《趙翼傳》，編輯《聽濤集》，他都認為是浪費時間，影響全局。我敬聽其言，而未能完全遵守。寫完《中國史學史》第一、二冊以後，忽然停筆，轉寫《中國通史》，這是不可思議之舉，也是大規模的游擊戰。我為什麼如此決定呢？

一九六五年（民國五十四年），距今四十五年以前，與三民書局劉振強董事長簽了一張寫四十萬字中國通史的合約。當時正值盛年，凡事樂觀，欣然執筆，寒暑不輟。寫到一九六七年（民國五十六年）春天，交稿的時限已到，漢室猶在中興階段，何日民國肇造，不敢預期。於是頽然與劉董事長解約，退還預支稿費。劉董事長極開明，不加刁難，不收預支稿費的利息，商業氣氛，一絲不存。自此以後，變成好友，數十年如一日。藝林佳話，這應是其一。

解約以後，進一步想焚稿。十六、七萬字不理想的稿子，留下來不如一焚了之。惟以任教大學，每年皆講授中國通史，講稿盈積尤多，焚之將何以維生？於是書稿、講稿，免於一炬。日久之後，紙已脆黃，字跡模糊，每翻及之，即興感慨。昔秦皇焚書，書生效之而焚稿，其罪輕於秦皇，而為痛快之舉則一。於是焚稿之念，揮之不去。

放棄寫通史以後，集精力於史學方法與史學史的研究與撰寫，凡所流覽者，皆為中西論及史學理論、方法與發展之書，外此者皆漠然視之，若與己無涉。惟自一九八七年（民國七十六年）以後，情形於不自覺中轉變。從這一年起，迄於一九九七年（民國八十六年），十一年之間，我廣涉先秦迄隋唐之間的載籍，凡經史子集之書，無不窺及，遇有與史學相關者，則劄記之，亦鈔錄關係通史的資料。後者積久浩繁，於是寫中國通史的靈感，悠然而起。「百姓無內外之繇，得息肩於田畝，天下殷富，粟至十餘錢，鳴雞吠狗，煙火萬里。」⓫「行旅自京師至於嶺表，自山東至於滄海，皆不賫糧，取給於路。」⓬「烽燧不驚，華戎同軌」，「冠帶百蠻，車書萬里。」⓭漢唐的盛世，令人神往。「自永嘉喪亂，百姓流亡，中原蕭條，千里無煙，飢寒流隕，相繼溝豁。」⓮「寇羯飲馬於長江，兇狡鴟張於萬里。」⓯「宗廟焚為灰燼，千里無煙爨之氣，華夏無冠帶之人。」⓰永嘉以後的悲慘，令人驀目驚心，而唐末流寇之亂，「白骨山積」⓱，「賊首皆慓銳慘毒，所至屠殘人物，燔燒郡邑」⑱，其喪亂更甚於前。歷史上光明與黑暗的兩面，若相對照，為什麼會如此呢？仁者「愛人」⑲，仁者「己欲立而立人，己欲達而達人」⑳；「視人之國，若視其國，視人之家，若視其家，視人之身，若視其身」㉑；「獨與天地精神往來，而不傲倪於萬物」㉒。古代學術思想家的精神境界，高不可企。三國擾攘之際，管寧乘桴越海，羈旅遼東三十餘年，專講詩書，習俎豆，非學者勿見，行年八十，志無衰倦。梁武帝之子昭明太子，引納才學之士，討論篇籍，商榷古今，身死之日，朝野惋愕，都下男女奔走宮門，號泣满路。唐衰以後，郭子儀「號泣於用兵」，以身繫天下安危者二十年，天寒劍折，濺血霑衣，野宿魂驚，飲冰傷骨。天地元氣，歷史精神，往往賴少數人以維持。然暴君、酷吏、悍將、驕兵、莽夫、妒妻，比肩於歷史，「背君父，戴夷盜，結宮闈，事奄宦，爭權利，誇武號者」㉓，滔滔者皆是。歷史的發展，為什麼如此趨向兩極呢？以簡約的文字，清楚呈現歷史上光明與黑暗的兩面，和盤托出不協調的兩極，使歷史如明鏡照物，妍媸必露，像虛空傳響，清濁必聞，那麼歷史的功用，將大彰顯，人類的文明，或有希望。因此我寫中國通史的靈感，如波濤洶湧，於是就停下史學史的撰寫，完全進入中國歷史的洪流之中了。靈感所至，如狂風驟雨，其不可遏禦如此。

我寫《中國通史》的靈感，也有源於當代者：

中國數千年優美的歷史傳統，演變至今日，多有煙消霧釋，不見影蹤者。感當代之沉淪，發思古之幽情，奮然執筆，情不能已。

以中國數千年尊重歷史的傳統而言：

中國自上古時代起，設立記事的史官；唐代以後，又設立纂修當代史與前代史的史館。一代大事，史官和墨濡筆，及時記載；累朝史乘，史館廣徵文獻，審慎纂輯。史學偉業，至此而極。舉目世界，無與倫比。而且悠悠數千年間，國人皆凜然於歷史的尊貴、威嚴，戰戰兢兢，不敢逾越。天子勉史官，「直書時事，無諱國惡」[24]。庶人鼓舞上進，以書名青史，為「千古光明」[25]。上下如此，中國遂成為全世界最重視歷史的國家，「史學王國」之稱，馳譽寰宇。陵夷至今日，情況遽變。居萬民之上的總統，不重視歷史，萬民趨風氣，相率土疽歷史。榮膺國史館館長之位者，亦反對修國史。國史館不修國史，國史必至滅絕而後已。滅人之國，先滅其史，司馬昭之心，人人可知。海隅書生，坐視國史滅絕，實為大罪，豈能沉默？

以「中國」名稱的凝成與「中國文化」的成長傳統而言：

「中國」的名稱，是歷經歷史的洗禮而凝成的，其屹立不動如山岳，朝代更迭，政權遞嬗，令人目眩，而「中國」之稱則不變。雖僭偽政權，亦欣然接受中國之統。隨着

「中國」而成長的「中國文化」，是無數民族智慧的結晶，博大精深，與卓越的西方文化相頡頏，國人的瑰寶，無過於此。然而今日竟有自外於中國，完全吐棄中國文化者。舍堂堂華胄而不居，視優越文明若敝屣，自甘淪落，一至於此！當今之時，春秋之筆不行，陸沉之日可待。述往事，思來者，史氏之責，不容旁貸。

感於歷史的沉淪與湮沒，一時精神困擾，寢食難安，於是毅然暫時放棄史學史的撰寫，傾三年之力，寫成四十萬字的《中國通史》。早年之願完成，而感慨亦隨之而起。

我自任教大學之時起，迄於完全退休，一直講授中國通史一課。專任的台灣大學、香港大學與政治大學以外，東海大學、輔仁大學、東吳大學兼課，也偶講此課。此課開設於大學一年級，初進大學的學生，容易應付。我上課不帶講稿，正史上優美而重要的原文，數十言至百言以上，一一背誦寫出，只此一招，學生們就佩服無限了。四十年講授，而不留一絲痕跡[26]，未免遺憾。而且寫史學理論、方法與比較史學，皆未觸及歷史本身。一生徘徊於歷史之外，而不寫歷史[27]，豈能算是真正的史學家呢？所以我心中一直存有寫中國通史的念頭，以致到靈感出現時，就不顧史學史的能否寫成，而傾力以寫了。寫成之日，所感覺者，海闊天空，舒暢無窮。然而學術界的反應，極為冷漠，與《史學方法論》及《與西方史家論中國史學》問世以後的普遍受到歡迎，形成兩極。為什麼會如此呢？

中國史料的豐富，甲於全球，正史以外，實錄、國史、傳記、方志、筆乘，浩瀚無涯涘。以一人之力，寫成一部精審優美的中國通史，無異幻夢。民國以來，此類作品，多如山積㉘，然佳者絕少，蓄有成見者有之，譁眾取寵者有之㉙。佳作不見，國乏新史，情形嚴重，莫過於此。有感於此，我不揣棉薄之力，奮然執筆，自知所能成就者有限，只欲略盡心力。朋友對此書，多採緘默態度。出版以來，悠悠八年，海內外得三知己，空谷足音，亦自欣喜。

以研究韓愈而馳名國際文壇的羅聯添教授，讀此書後，曾來翰云：

> 大著《中國通史》拜讀之餘，甚佩史識超邁時流，行文不支不蔓，平實活潑，含英咀華，把握要點。數千年大事，收諸筆端，非老練通達，何克臻此。最後一章，書中共之罪，著二蔣之功，道德勇氣，足以媲美齊太史。唯李氏主政，違法亂紀，當今執政者，倒行逆施，着墨甚少，有待將來補充，未審尊意如何？㉚

這是過譽，也道出拙著的缺陷。在文字上，能得到文學家的稱許，益增戰兢之情；在史事的選擇上，能概括數千年大事，而未能詳述當代，是銓配的不夠理想。金玉之言，將來再版時，必遵示改正。

任職國立編譯館二十五年的孫彥民兄，精於校勘，為一字師。溫哥華相遇，送他此書。他仔細閱讀，校出錯字訛語數十處，如獲萬金。在台灣時，與彥民兄並不相識，來溫後納交，小酌暢談，偶遊方城，相見恨晚。天涯飄萍，情況相同，友情益真。

黃啟華教授是我在港大教過的學生，精研史學史，對於清代史學家錢大昕的史學，尤有精闢的論見。二〇〇七年（民國九十六年）十月香港大學慶祝中文系建系八十周年，舉行「東西方研究國際學術研討會」，啟華以「杜維運史學初探」為題，在大會報告，他肯定拙著《中國通史》在我著作中所扮演的實踐角色，我所強調的史學家寫史，選擇歷史事實，須遵守「美善的標準」，他說我確實做到；他也肯定我運用成文之功，「杜維運作《中國通史》時，以《左傳》以及《史記》以下正史為基本資料；清代史學家所寫的近似通史的書，如顧炎武的《日知錄》，黃宗羲的《明夷待訪錄》，王夫之的《讀通鑑論》、《宋論》，趙翼的《廿二史劄記》，錢大昕的《十駕齋養新錄》，都不時參考，所以通觀《中國通史》全書，徵廿五史正文者不計其數，卻條理清晰，文字委婉，可見杜氏運用古代文獻成文之功」。如此評論，應是知音之言。

平心而論，居於二十一世紀的今日，想寫好一部新中國通史，有一些必須具備的條件。在體例上，在觀念上，在方法上，在史實的選擇上，在文字的表達上，都須創新[31]。而其中最重要的一個條件，是從比較歷史(comparative history)的角度，將中國歷史置於世界歷史潮流之中。我自己曾經這樣說：「近百年來，中國需要一部貫通古今的新歷史。然而這類的歷史，雖層出不窮，真正成功者不多見。一般僅就中國歷史寫中國歷史，不將中國歷史放入世界歷史潮流之中，以致所寫成者，為地方史(local history)，與廣闊的世界，不相呼應，不起共鳴。寫歷史而流於本土化，歷史的生命，就奄奄一息了！」[32]管見及此，而未能做到，這真是莫大的遺憾了！

註釋：

❶ 香港大學規定年屆六十退休，我於五十九歲時請退，辦了移民加拿大的手續，歸隱山林，此其時矣。惟覺尚未老邁，自此自學術界消失，於人於己，皆非上計，所以想回培育我的母校台大繼續任教。不過這時愛護我的老師，不是遠走海外，就是西歸道山，想回去真不容易。任職中央研究院歷史語言研究所的老友管東貴兄，時任所長，約我去其所專任，並與台大歷史系合聘。一切言妥，然以史語所內有人反對，遂生變化，去台大也不可能。飄流一生，謀職順利，首遇挫折，感慨萬千！

自一九八八年我回台灣後，有歷史系的大學，差不多都請我演講、開會，惟台大例外，情形如此，謹直述之。

❷ 政治大學歷史系主任王壽南教授、教務長羅宗濤教授約我去政大任教，使我有了棲身之地，新局自此開始。

在此須附述者，我在輔仁大學歷史系教過的學生羅曼真女史，時任職國科會（國家科學委員會），與內子十分投緣，由於她與各學術機構往來密切，她告訴內子，中研院與台大聘我的事有變數，我不甚相信，內子警覺性高，急謀對策，遂向政大羅宗濤（曼真之兄）教務長陳述欲去政大任教之誠，以致事成。

❸ 王爾敏教授著有《20世紀非主流史學與史家》一書，於二〇〇七年一月由廣西師範大學出版社

出版。

❹ 據我個人的瞭解，政大歷史系及歷史研究所畢業的學生，在中國近現代史研究方面，甚有成就。任職國史館與黨史會者，表現出色；任教職者，亦卓有貢獻。全台灣有歷史系的大學，在十所以上，量化史學家可作統計、分析，以見其異同及特色。個人所論，僅為觀感，難言精確。

❺ 個人教書，任職台大期間，無異初試啼聲；講學港大，由於語言障礙，發揮有限；到政大後，才能從心所欲，喜悅無限。學生們往往於節日寄賀卡相賀，一一簽名以外，又各寫數語，閱後自我陶醉不已。所寫者多為說我謙虛、博學有雅量之語。我珍存這些卡片，視為機密檔案。我的脾氣並不好，只是修養好。一生飄流，挫折累累，那有發脾氣的餘地？

❻ 《文心雕龍・養氣》篇。

❼ 朋友們最希望我寫的一部書，是中國史學史，口頭上或書翰中時時相勸。海外學人左景權先生的殷望，已詳於上文。

❽ 拙著《中西古代史學比較》於一九八八年（民國七十七年）八月由東大圖書公司出版，一九八九年（民國七十八年）獲中國歷史學會金簡獎，二〇〇六年（民國九十五年）出修訂二版。

❾ H. E. Barnes, *A History of Historical Writing*, 1938, pp. 55–56.

按 Barnes 轉引自 Ernst Bernheim, *Lehrbuch der historichen Methode und Geschichtsphilosophie* (Leipzig, 1903), pp. 190–191.

❿ G. P. Gooch, *History and Historians in the Nineteenth Century*, 1913, p. 1.

⓫《史記・律書》。
⓬吳兢《貞觀政要》。
⓭《舊唐書・玄宗本紀》史臣曰。
⓮《晉書・載記》。
⓯同上〈戴邈傳〉。
⓰同上〈虞預傳〉。
⓱《舊唐書・僖宗本紀》。
⓲同上〈秦宗權傳〉。
⓳《論語・顏淵》。
⓴同上〈雍也〉。
㉑《墨子・兼愛中》。
㉒《莊子・天下》篇。
㉓王夫之《讀通鑑論》卷二十六。
㉔《北史・魏本紀第三》。
㉕《新唐書・劉蕡傳》。
㉖在台灣史學界，夏德儀師與東海大學祁樂同教授，皆以講授中國通史馳名，然兩位皆述而不作，是聰明，也形成遺憾。

㉗ 寫中國史學史自然也是寫歷史，但是這是學術性的歷史，與治亂興衰的歷史，總有區別。

㉘ 民國以來，新寫的中國通史，已在一百種以上。根據中國文化大學賴福順教授於一九九七年（民國八十六年）在〈民國時期中國歷史教材之研討〉一文中指出「中國歷史教材在民國時期共出版了一一八部」（民國八十六年十二月十八日至二十日國史館主辦「中華民國史專題第四屆討論會——民國以來的史料與史學」，賴教授於大會中提出此一論文）。賴教授將中國通史、中國文化史、本國歷史、中國歷史等不同名稱，皆收入其中。其所指民國時期為民國元年至民國八十年（一九一二—一九九一）。

㉙ 台灣出版的中國通史，如柏楊的《中國人史綱》，黃仁宇的《中國大歷史》，皆銷路甚佳，是十分弔詭的。

以黃仁宇的《中國大歷史》而言，其書名的具有吸引力，應是其書暢銷原因之一。其所謂大歷史(macro-history)，源自西方，取其視野寬宏，命名如此，讀者欣賞，自不意外。然觀其內容，則未能將中國歷史之大托出。全書未寫及中國學術思想，即為缺陷。略去思想精華，中國歷史，怎現偉大？而且其中不應當出現的錯誤頗多，有待釐正。如中文版自序云：

《資治通鑑》也用二十四史作藍本，只是將分列在本紀、列傳、志各處的節目再加以不見於上篇幅之資料剪裁連綴成書，其弊也仍是過於支持傳統社會的價值。《資治通鑑》英譯為 *Comprehensive Mirror for Aid in Government*，再直譯回來，即是：「用以資助於行政的一面完全的鏡子」，這當然不放棄傳統道德的立場，而司馬光本人就捲入了王安石改革中的漩渦，他的觀念免不了一個歷史「應當如是」演進的偏見，而不及於我們亟欲知道「何以如是」展開的因果關係。

如此評論《通鑑》，極不適當，而且《通鑑》又何能以二十四史作藍本？

㉚ 見附翰53。

㉛ 我在《中國通史・自序》上曾詳論之。

㉜ 見拙文〈比較歷史與比較史學〉，收入拙著《變動世界中的史學》（北京大學出版社，二〇〇六年九月第一版，頁五〇—五一）。

第七章　完全退休以後

——二〇〇二年以來

一九八八年我自港大退休，到政大任教；一九九六年再自政大退休，不再專職，惟仍在政大及東吳大學兼課。從二〇〇二年（民國九十一年）起，我完全退休下來，隱居世外桃源的溫哥華（Vancouver），過着勝過羲皇上人的生活。

第一節　溫哥華之美與隱居其間的生活

我住過的城市，以英國的劍橋，與加拿大的溫哥華最美。兩者之美，各有千秋，難分軒輊。劍橋之美，由學術之美襯托出來。有八百年歷史的劍橋大學❶，其著名的學院，沿着「全世界最秀麗」（徐志摩語）的劍河分布，古色古香的建築，洋溢出濃厚的學術氣氛。加上參天的古木，如茵的草坪，點綴其間，於是劍橋之美，就被稱頌不已了。

溫哥華沒有劍橋學術之美，而氣候宜人，風景優美，劍橋難與相比。幾十天連續陰沉，是劍橋的天氣，久住其間，難免抑鬱。溫哥華就不同了。春秋兩季，氣候涼爽，夏季無酷暑，冬季短暫嚴寒，而能見飄雪之美。春夏之交，秋冬之際，尤其是最美的季節。春夏之交，花團錦簇湧現，處處飛花，翠綠的樹梢，也現紅蕊。秋冬之際，楓葉全紅，全城像紅海，乘車遨遊，賞心悅目，如菈仙境。而且全城像是在叢林之中，處處蒼松翠柏，白楊垂柳。人間閬苑，溫哥華應當之而無愧。

溫哥華的政治環境，也很理想。西方由歷經無數世紀的戰爭、呼號而產生出來的自由、民主、人權，在此都成為真實。多元化的社會也出現，全城像是一個大的唐人街，中文報紙、電視，應有盡有；國語、廣東話，四處可聞；中餐館遍布，味美價廉，比起台北、香港，絕不遜色。值身此地，那像是值身謫戍萬里之外的異國呢？

此間大學的圖書館，可以充分利用。林立的新舊書店，任你遊逛。你可以買到西方最新出版的書，也可能買到絕版已久的珍籍。像納米爾（Sir Lewis Namier, 1888–1960）的《歷史大道》(*Avenues of History*)❷一書，絕版已久，在英國遍尋不得，在此間的一家舊書店中，竟驀然出現。所以在此寫作，如在翰苑之中，文獻不愁。寫至此，不禁想起陶潛、鄭樵、顧炎武幾位令人崇敬、膜拜的詩人及學者。

詩人陶潛隱居之時，五、六月間，「北窗下臥，遇涼風暫至，自謂是羲皇上人」❸。

「涼風暫至」，即自謂是羲皇上人。在溫哥華，高臥之時，又豈僅涼風暫至呢？

史學家鄭樵在夾漈山中，造草屋三間，讀書、著書於其中。當其時，他「困窮之極，而寸陰未嘗虛度，風晨雪夜，執筆不休，廚無煙火，而誦記不絕」❹。往往「寒月一窗，殘燈一席，諷誦達旦」❺。如此者三十年。著述家的毅力與艱辛，自此盡見。

清代學術的開山大師顧炎武，於明亡之後，三十年飄流北方。足跡所至，無三月之淹。友人所贈二馬二騾，馱帶書卷，一年之中，半宿旅店。所至阨塞，即呼老兵退卒，詢其曲折，或與平日所聞不合，則即坊肆中取書而對勘之。或徑行平原大野，無足留意，則於鞍上默誦諸經注疏，遇有遺忘，則在坊肆中熟讀之。飄流不忘著述如此。其所著《日知錄》與《音學五書》，主要寫成於此飄流的歲月❻。在「萬里河山人落落，三秦兵甲雨淒淒」❼的環境中，仍如此肆力著述，如此寫成的著述，於是就珍如球璧了。

古人值國亡之日，遇天下無道之時，困阨於山林，栖遑於荒野❽，而仍著述不輟，翰墨生活，淒涼已極，然而天地元氣，歷史的真精神，賴以維繫。人類文明，繫於翰墨。捨翰墨而人類與禽獸無異。

當今之時，政治管理嚴密，歸隱山林，已不可能。猶幸可以「遠託異國」，而異國已臻文明，自由揮筆，如翱翔長空。歷史運轉，古今異勢，今勝於古，此為一例。

飄流海外，酷嗜的翰墨生活延續，自覺萬幸。惟年屆大耋，寫作時間，每日限定二、三小時，其他時間，自由運用。小聚淺酌，方城遨遊，與雅明一起參加。藝文盛會，與至即往。天氣好時，整理後院，涼風縷縷，羲皇上人，已不如我❾。

第二節　撰寫《中國史學史》第三冊

二〇〇一年（民國九十年）八月當我寫完《中國通史》以後，即傾力撰寫《中國史學史》第三冊，歷時四年寫成。自宋初至清中葉千年間的史學，萃於此編，字數約三十三萬言。早年立志撰寫的一部中國史學史，至此完成。清中葉以後近兩百年的史學，則望英年史學家繼續執筆，我想在此讓賢了。

《中國史學史》出版後學術界的反應，是值得一述的。一九九六年當此書第一冊出版三年以後，任教美國大學的黃培教授，在《清華學報》寫了一篇書評❿，於稱美之外，提出很珍貴的意見。黃教授是老朋友，赴美講學數十年，於國史以外，精通西洋文化史。他認為文化在成長和發展中，每受不同程度的外來因素的激盪。這是真知灼見之論，修正了拙著文化自創之說⓫。論及《春秋》之「諱」，其卓見尤發我深省。《春秋》「為尊者諱，為親者諱，為賢者諱」，雖有其維持人類文明的深意，然站在歷史必須紀實的原則上，則值非議。歷史而不能如「明鏡之照物，妍媸必露」，似「虛空之傳響，清濁必聞」，其價值將安在？

從一九九六年以後，到二〇〇四年此書的第三冊問世，在台灣未再見有評論的文字，出現於學刊之中（朋友來信論及者則頗多）。在中國大陸，則反應極為熱烈，出乎意料之外。

一九八八年大陸中華書局影印了由東大圖書公司出版的拙著《清代史學與史家》一書，自此以後，大陸史學界知道我是研究中國史學史的歷史工作者。同時《與西方史家論中國史學》、《史學方法論》、《中西古代史學比較》諸書，也流傳過去，以致大陸學者普遍肯定我在比較史學上的成就。所以在我完成三卷本的《中國史學史》以後，北京師範大學張越教授與方宏小姐對我作了兩個小時以上的訪談，〈訪談錄〉長達萬餘言⑫。張越教授又在《史學理論與史學史學刊》上刊載了一篇〈論史學史研究中的中國史學通史撰述——兼評杜維運教授《中國史學史》〉⑬，對我的三冊《中國史學史》作了最詳盡最中肯的評論。「作者在闡述中國史學發展過程中，再以縱向眼光比較中西史學這兩大不同史學發展系統的各自特徵，二者結合，使中西史學間的比較呈現出立體感」⑭。這是肯定了拙著的特色。認為大史學家司馬遷、班固未能與劉知幾、歐陽修等同樣列入一級標題，顯然不妥⓯，則是有待將來調整的。港台教書數十年，所著《史學方法論》為學生嗜讀者近三十年，所著《中國史學史》，由於中西史學的比較穿插於其中，而為大陸學人所激賞⓰，這真是寫書的幸運了！

商務印書館與我簽約印此書，現在已在發行中。僻處一隅著書，而能廣傳全國，辛酸已有代價⓱。

第三節　中國大陸學術之旅

鄭樵在夾漈山中著書三十年，中間也常走出草堂（鄭樵在山中造草屋三間，讀書、著書於其中），遊覽名山大川，搜奇訪古；在夜深人靜或黎明前，則每潛入深山叢林之中，與夜鶴曉猿雜處。潛居而終日閉門，學問必難廣大。

我在溫哥華潛居，而心繫天下。從二〇〇三年到二〇〇七年五年之間，曾四次赴中國大陸，參與學術盛會或作短期講學。去國六十年，五十年中未曾返國門，而近年忽然轉變，時異勢殊，致使如此。論史須察時勢，於此可略見端倪。

㈠二〇〇三年赴北京參加「兩岸學者清史纂修研討會」

二〇〇三年（民國九十二年）八月受邀赴北京參加為期一周的「兩岸學者清史纂修研討會」⓲，參加大陸的學術研討會，這是第一次，有幸參加修清史的會議，更覺千載一時，機會難逢。

會議是從八月二十五日至三十日之間舉行的，參與的兩岸學者數十人，討論的重點在於修清史應採用何種體裁。討論的過程，不同的意見叢出，而皆議論平允，詞氣謙和，相隔數十年的兩岸，瞬息之間，融洽於無間。

討論的初步結論，決定採用紀傳體與章節體的綜合體修清史，且以清史上接正史，延續二十五史的傳統；字數以三千萬字為限；文字以淺近文言文表達；修成時間，定為十年。其他細節不贅。

中共政府撥巨款修清史，是石破天驚之舉，中國的正史不絕，悉繫於此。

㈡二〇〇四年赴寧波參加「明清浙東學術文化國際研討會」

二〇〇四年（民國九十三年）年初應寧波大學方祖猷教授之邀，赴寧波參加為期三天的「明清浙東學術文化國際研討會」，中外研究明清浙東學術的學者，畢集一堂，誠集一時之盛。

我自大學時代起，即研究浙東學者全祖望、章學誠的史學。任教大學後，繼續鑽研黃宗羲、萬斯同、邵晉涵的史學。十餘年的時間，沉醉於浙東史學，以致對浙東學者的學問、風範，無限仰慕；同時十分神往浙東地區的優美環境。大會中我提出〈浙東史學在中國史學史上的地位〉一文，向大會宣讀，論定「浙東史學，以純真的精神，撰寫近世當代之史；以博大的思想，創垂學術思想之史；表彰氣節，發明幽隱，為其史學的靈魂；博羅文獻，尋求史義，為其史學的大端」。中國史學史上的珍貴遺產，這是其一。大會對我的論文，給予了勉勵⑲。

㈢二〇〇五年赴北京、上海作短期講學

北京大學歷史系教授張芝聯先生，是我認識將近三十年的朋友，他約我到北京大學歷史系講學一月，並安排赴北京師範大學、上海華東師範大學演講，盛情難卻，於是於二〇〇五年（民國九十四年）九月與內子欣然就道，與三校師生，作座談三次，演講三次。三校學生，程度優越，又極認真，所提問題，尤多就我的舊著發問。如華東師大的一位

同學曾寫發問條云：「中西史學的比較，你只講它們各自的優勢，而不提缺點。請問，你在研究中是否崇尚唯美史學？」這是一針見血之言！長久以來，我恪遵中國「隱惡揚善」的傳統，而忽略了史學上「善惡必書」的規律。矯枉過正，宜思補救。

我在三校所作的演講，分別為〈歷史研究的客觀方法與藝術想像〉、〈中西史學比較的困境與美境——兼論後現代主義〉、〈比較歷史與比較史學——歷史的走向全球化〉，均收入拙著《變動世界中的史學》之中[20]。

㈣二〇〇七年赴上海參加「全球視野下的史學：區域性與國際性」國際學術研討會

二〇〇七年（民國九十六年）十一月三日至五日上海華東師範大學召開「全球視野下的史學：區域性與國際性」國際學術研討會，我應邀前往參加。與會者數十人，皆中外研究史學史的專家。當代享盛譽的西洋史學史大家伊格爾斯（Georg G. Iggers, 1926– ）及後現代主義（postmodernism）名家懷特（Hayden White, 1928– ）皆與會，二人史學見解殊異，會場之中，爭論迭起，令人感覺西方爭論數十年的史學問題（西方正統史學家與後現代主義史學家近三十年來爭論不已），瞬息間在中國掀起波浪。史學的全球化，應非遙不可期，治中外史學於一爐，不久將可能新寫世界史學的一頁。

我向大會提出〈中西史學的分歧〉一文，指出中國自上古時代起，數千年史官記事的制度不絕，以致記錄盈積，修成的國史、實錄、正史，前後相望。西方數千年未曾出現史官記事制度，文字記錄缺乏，史學家不得已利用修辭學的方法以寫史，其作品遂與小說家、劇作家的作品相接近。中西史學，自此現出分歧。大會中的後現代主義者懷特教授，對我的論述，也給予肯定，頗感意外。

會後又為華東師大與上海大學的學生講〈中西史學的相通與相異〉、〈歷史研究的藝術〉兩專題，年輕學子，興致不減，發問頻頻。

第四節　重估中國史學的世界地位
——出版《中國史學與世界史學》

中國史學綿延發展數千年，博大精深，然自十九世紀以後，西方史學風靡天下，中國史學俯首於其下，備受中外攻擊。國人痛斥中國歷史為帝王家譜而不載民事者，普遍流行於晚清民初之際；西方史學家則認為中國史學的發展，永遠沒有突破通往真歷史的最後障礙——希望窺探往事的真相，永遠沒有發展批判歷史與批判史學，永遠沒有發展自我批評與發現的方法；力主客觀公正的大史學家蘭克則認為中國沒有真歷史。議論如此，中國史學遂不能與西方史學相比擬。惟至二十世紀末期，西方後現代主義崛起，襲擊史學，極盛的西方史學，陷於絕大危機，史學宮殿，搖搖欲墜。值此危急之秋，中國史學的世界地位則突顯。中國史學能濟西方史學之窮，而無其敝；中國史學能為世界史學闢新猷，增內涵，而使人類歷史綿延發展，走向文明。維運近年撰寫《中國史學與世界史學》一書[21]，其微意在平心靜氣以論中國史學的世界地位，以與西方史學相發明。研究史學數十年，這應是一項該做的工作。

第五節　感想與展望

一生研究史學，如醉如癡。國事蜩螗，世界動盪，視若無睹。什麼原因會如此呢？

史學所以輔助歷史。歷史須真，須美，須善。不真的歷史，沒有任何價值；不美的歷史，猶如東施效顰；不善的歷史，將是罪惡的淵藪。史學的謹嚴方法，精闢理論，高尚思想，能使真、美、善的歷史出現。人類的一部文明史，大半繫此。史學所關係於歷史者如此。

從草昧走向文明，是人類生存於天地間的價值。但是過去的歷史，如果儘是「人類罪惡、愚昧與不幸的記錄」[22]，過去的歷史景象，如果「主要是人類愚蠢、蠻橫、貪婪與邪惡的一幅景象」[23]，不良的榜樣在先，人類將永無歸於文明的一日。真、美、善的歷史，出現於前，始有可能自此衍出一部文明的歷史。淺學數十年醉心史學，原因在此。玩物之諷，覆瓿之譏，在所不計。

惟須進一步說明者，人類日趨文明的歷史，創新與承舊扮演同樣的角色。承舊所以繼往，創新則可開來；承舊係接踵過去真美善的歷史，創新則發揮中外聖哲的崇高思想[24]。衷心希望歷史與崇高的思想結合，殷切期待舉世和諧，人人有一個更好的將來(a better future)。

註釋：

❶ 二〇〇九年是英國劍橋大學建校第八百年，已有各種慶祝活動。參見二〇〇九年一月十五日《大紀元時報》。

❷ 此書於一九五二年由 Hamish Hamilton 出版。

❸ 《宋書・陶潛傳》，《南史・陶潛傳》同。

❹ 《鄭樵文集》卷二〈獻皇帝書〉。

❺ 同上。

❻ 參見拙著《中國史學史》第三冊頁二一二一。按顧炎武同時代的學人王夫之，棲伏林泉，四十餘年，刻志著書，蕭然自得，尤為難得。惟王氏著書詳情，不易瞭解，故不及之。

❼ 《亭林詩集》卷三〈雨中至華下宿王山史家〉。

❽ 同上同卷〈三月十九日行次嵩山會善寺〉：「白頭荒野淚霑纓。」

❾ 三小宗騏、宗蘭、宗驥已卓有所成，其事業與所建立的家庭，容於計畫全家集體撰寫的《撫今憶往》一書中詳及，在此不贅述。

❿ 《清華學報》新二十六卷第二期，一九九六年六月出版，台灣發行。

⓫ 拙著《中國史學史》第一冊頁三二一。

⓬ 見《史學史研究》二〇〇五年第四期。

⓭ 《史學理論與史學史學刊》二〇〇四—二〇〇五卷。

⓮ 評文頁四一四。

⓯ 評文頁四一一。

⓰ 我寫中國史學史，首先應感激旅法學人左景權先生，他催促我，超過嚴師。其次應感激南開大學楊翼驤教授。一九九五年三月二十八日他來信云：

> 數日前先後收到尊函及大著《憂患與史學》、《與西方史家論中國史學》、《趙翼傳》，不勝欣喜，至為感謝！
>
> 收到之後，急忙拜讀了三書的序文，瀏覽了目錄及部分重要內容，對先生學貫中西之造詣，高卓獨到之見解，極為欽佩！因此想到，如寫出一部令人滿意的中國史學史，非才、學、識俱備如先生者，莫能為也。今第一冊已問世，大放異彩。再過數年，全書完成，必將光芒萬丈，為中國史學史之研究與撰著樹一豐碑。我若能親眼看到，細心閱讀，則平生之願足矣。

這是我絕不敢承受的讚美，但是其殷殷之情，感人肺腑，故願披露於此，以見當今學人之學術真情。我與楊教授未曾謀面，僅多年通信。他是山東金鄉縣人，我是山東嘉祥縣人，兩縣相鄰，又同治中國史學史，以致極為投緣。他的三冊《中國史學史資料編年》（第一冊於一九八七年出版，第二冊、第三冊分別於一九九四年、一九九九年問世，均由南開大學出版社出版），久已享譽學林。

⑰ 潛居中有時收到學生的來翰，心中歡愉之情，筆墨難述。如任教香港城市大學的黃富榮來翰云：

敬愛的杜老師：

很久沒有跟老師聯絡了。忙不應該是原因，只有請老師原諒。年前在書店裡，看到老師的整套《中國史學史》已經出版了。記得從前跟從老師上課的時候，你正開始寫作；現在全書出版了，也就是說老師的一大心願已經完成了，實在是可喜可賀。近來又看到老師的著作，在大陸陸續出版了，老師的言論識見，在往後的日子，也就可以在大陸學術界發生更大的影響。這實在是我們這些當學生的樂於見到的。

自從老師從港大退休之後，就好像跟你失去聯絡了，後來聽說你曾經移民外地，最近又聽到老師原來還在政大兼課，所以提筆要給你送上祝賀和問安。

說來慚愧，學生一九八三年畢業後，到一九九六年寫完了博士論文，但因工作忙碌，而且天資不足，學問談不上有寸進。這些年來發表的論文很少，而且對學術界沒有甚麼貢獻。看着老師在學術上的奮進，對比自己的學問，只像龜行，有負當年眾老師的厚望，實在汗顏。

多年沒有與老師見面，希望有一天可以跟老師把杯詳談，一敘舊日情誼。

新春已至，在這裡祝願老師
身心安康舒泰！

學生黃富榮　敬上
二〇〇七年二月九日

學生的謙虛，與對我的謬評，使我既感激，又慚愧！富榮此翰，係打字，故未列入附翰中。謹全引於此。

⑱ 北京召開「兩岸學者清史纂修研討會」，溫哥華方面，由陳捷先教授負責邀請參加人選，我榮幸被邀，遂與內子孫雅明聯袂前往。學術之旅，配合觀光，極為愉快。

⑲ 史學家兼寧波市副市長成岳沖先生曾於二〇〇四年三月六日來翰云：

此次明清浙東學術文化國際研討會，承蒙你蒞臨並作嘉論，增色不少。我作為舉辦者之一的具體聯絡人，頗覺臉上有光。尤其你述說明清時期的浙東乃「最有思想的地方，最有氣節的地方，最有風度的地方」，雖聊聊數語，卻如一股春風，沁人心脾。

⑳ 拙著《變動世界中的史學》，由北京大學出版社於二〇〇六年九月出版。

㉑ 拙著《中國史學與世界史學》，二〇〇八年十一月出版。

㉒ 參見 C. V. Wedgwood, *Truth and Opinion*, 1960, p. 32.

㉓ 康德語，轉引自 R. G. Collingwood, *The Idea of History*, 1946, p. 101.

㉔ 近代中外所追求的自由、民主，即為聖哲崇高思想的發揮。惟自由須有限度，民主不能泛濫。不然，二者將是罪惡之源。言及此，極為感慨近代缺乏道德文明。殺人、越貨的事件不絕，暴戾、恣睢的行為叢出，和平、和諧不見，貪婪、詐偽橫行，情形如此，人類文明，那有一絲影蹤呢？

輯二

附翰

寫在附翰前

㈠

天涯飄萍，以天地為逆旅，視朋友如生命。凡朋友來翰，其情真而意摯者，皆保存之，珍若球璧。前年《中國史學與世界史學》一書殺青以後，整理此類翰件，重讀之餘，覺其中論學部分，皆不關隱私，而係出自學術真誠，片言寸語，皆寓精見。維運自此所獲得者，無涯無涘。聽其塵封，非學術之公。故選其精粹者附於此，以與世人共賞。

㈡

在台灣大學歷史系讀書時代，講授史學方法論的姚從吾師，時時強調原始史料珍貴，無意史料珍貴。數十年過去了，從吾師之言，猶在耳際。所謂無意史料，是史料的形成，沒有預定的目的，周密的計畫，只是自然的出現，不知不覺中透露歷史的真相。以日記與書信為例，從吾師認為無意發表的日記、書信，價值遠在有意發表者之上。日日所記，致友密函，有意公之於世，必有顧忌。無意發表，則無拘無束，暢所欲言，歷史實錄，賴此以存。由此而言，數十年來朋友來翰論學，是極珍貴的無意史料，集而刊布之，寧非學術上的盛事？

㈢

我所選集朋友的來翰，共八十三封（我覆楊聯陞教授之翰附驥尾），其中包括我所仰慕的前輩學人、師長、當代碩彥、老友，以及從遊弟子。數十位學人的翰墨，萃於一編，藉此以見一代學人的學術與風範，學林雅事，無異文酒讌集。惟幸嗜好翰墨者賞之。

清初顧亭林於飄流中撰寫《日知錄》，時時以刻本寄之同好，以資切磋。我雖不敏，服膺亭林之教，每以所著送呈時賢與好友，寄望賜以抨彈，不厭往復。數十年中，所獲回翰至多，其中稱美之辭，視作鼓勵，建議諟正處，則不啻金玉之言，終身獲益。像楊聯陞、陳訓慈教授的諄諄教誨，左景權、許冠三先生的知無不言，皆感人肺腑；所敬愛的師長，欣賞的學生，其寵愛之詞，仰慕之語，皆出自真誠，而非虛飾；老友酒食徵逐，飛羽觴之餘，猶揮翰縱論，則盡現交遊之誠。飄萍中得此瑰寶，豈能讓其湮沒於天地間，與草木同腐？自我炫耀之嫌，亦不避之矣。

(四)

西方史學家認為歷史一直在縮寫之中。史學家對於所面臨的史料，必須選擇。選擇是史學家的任務。我編此輯，有自數十封來翰中選擇其一、二者，遺珠之憾，在所難免；前輩、師長之翰，選擇較少，其中亦有無從選擇者，如錢鍾書、陳訓慈、曾約農、曹聖芬諸先生之翰，皆無從選擇。選擇經緯如此，謹識於此。

在此尤須聲明者，患難之交如李玉燦、黃維三，同班好友如張炳南、唐文興、李維城、周廣美，皆通信數十年，其論學之柬，不附於此，以其獎許過甚，密之較為適宜。尚望老友鑒諒之。

二〇一〇年於溫哥華

附翰1　錢鍾書 翰①

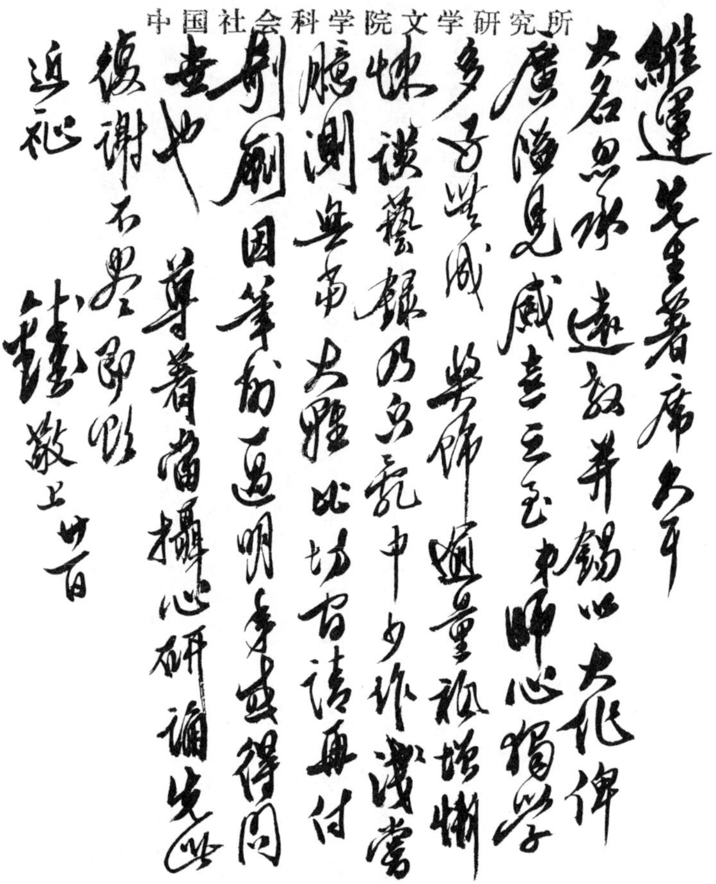

中国社会科学院文学研究所

維運先生著席：久耳
大名，忽承 遠寄並錫以 大作，偉
麗淹貫，感喜交并。東晦心獨學
多子此成，無師適量，祇增慚
愧。談藝錄乃亂中少作，淺嘗
臆測，無當大雅，比坊肆請再付
剞劂，因筆削過明年或得問
世也。尊著當攝心研誦，先此
復謝，不罪即頌
近祉。　鍾書敬上 廿日

附翰 2　曾約農 翰❷

維運先生大鑒承
惠寄　尊著「與西方史家論中國史學」一冊
粗閱一過用力之勤徵引之博已令人欽佩而
與西儒論中國史學
台端實為第一人尤為難得惟校對方面仍
畧有未盡宜附刊誤表也专此致謝順頌
撰祺

曾約農謹啟　元月二日

附翰3　陳立夫 翰❸

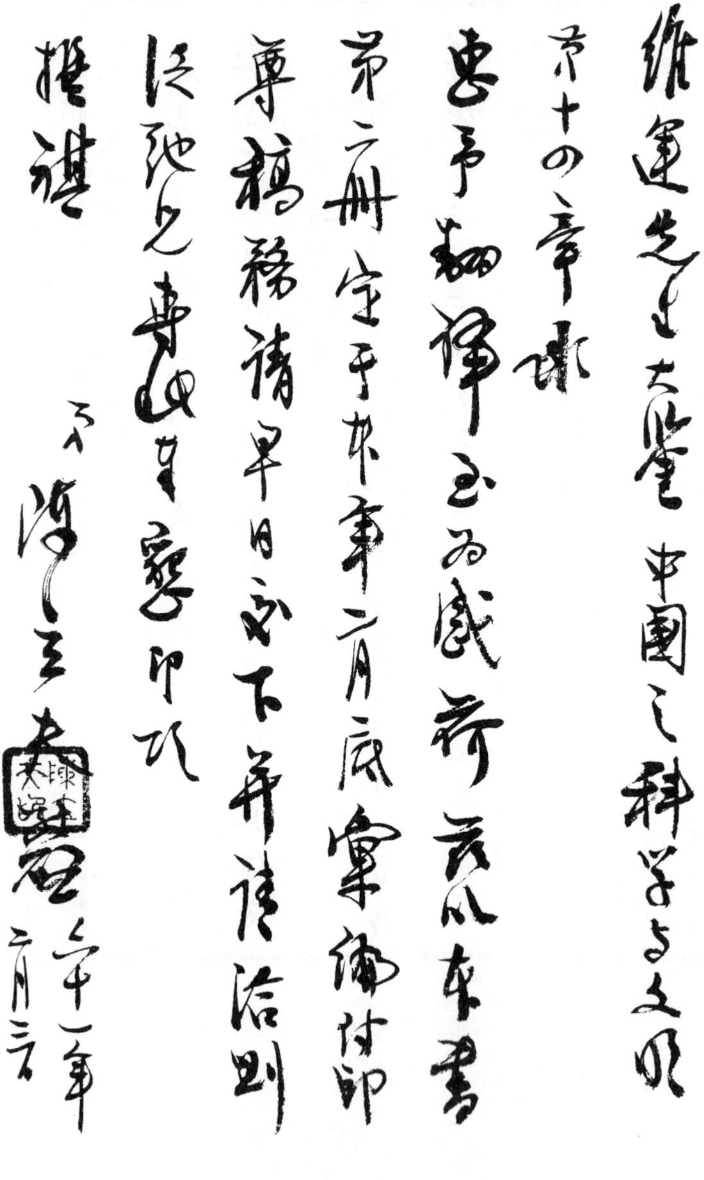
維運先生大鑒：中國之科學與文明第十四章稿，惠予翻譯，至為感荷。茲以本書第二冊定於本年二月底彙編付印，尊稿務請早日示下，并請詳列後記之要點寄下印行。

撰祺

弟 陳立夫 啟
六十一年二月二六

附翰 4　秦孝儀 翰 ❹

維廉先生道右：年前會中匆匆一面，旋承
賜　大著中國畫史及方法論，
精審淵博，雅為之二顧後之新意，非唯翻譯高明，益見
宗教昌大，學斯為盛矣。陳時若亦樂從，逕代達謝。
大著有關梅蘭之盛，一并印行。
道祺

弟　秦孝儀　上言

雙十二行玉版山房牋奏

附翰5　徐復觀　翰

附翰 6　徐復觀 翰

維運先生大鑒：頃承
贈尊著新書，謝謝。因
先生作人治學，皆非常謹
嚴不苟，擬寫報命。今日
下午，閱讀三小時，看未讀
完，謹將初步印象奉陳
左右。（當繼續讀下去）
大著體大思精，下筆皆有
分際，而內容一歸平實，此其
所以堪稱名著也。因吳論
史學方法，有[illegible]理性一面之
謂史學家缺[illegible]科學而中庸之
道。前之論科學者對不少史學、
並論及史學家之感情、
皆卓有見地。而第十二則
將[illegible]在樓不盡之世之或亦將
尊夫人合[illegible]轉於內新矣。

亦間有之。晴兄論文究
三論思想与方法的關係，似
稍嫌淺之。竊則以為方法
由思想而來，由思想而生方法，而
更思想則由方法而實，由方
法而得其軌轍，有所制約
思想不至於脫軌，亦即歷史哲學也。
人究之不可誤其世相互為表，如
特了。究竟亦存於表有效的超越
用此法處理歷史的大處，以
免了也誤会。
尊著方法論著甚是，
但似未見 E. Cassirer 所著
An Essay on Man 一書中的歷史
一章。卡西勒雖係哲學
家，而此書更非論史學
方法者，但此博學的
批評力甚強，實有不少

附翰7 曹聖芬 翰❺

CENTRAL DAILY NEWS
HEAD OFFICE: 1795 CHUNG CHENG ROAD. TAIPEI, CHINA
CABLE: NKCENDAILY. 6056 1032.

維運先生大鑒：

手教奉悉，大作劍橋大學的講座制度已於本月廿二、廿三兩日，在中央日報國內版發表，請勞寄一份，敬祈察收；稿費另行處理，亦祈示知。

大作無疑將在教育界中發生良好的反應。但要見諸實行，非有一班以教育為終生職事的教師躬行實踐不可。其實，這也是理所當然之事，目前的現象，安知是反常而已。

以後關於英國學術界的各種學術趨勢，凡可以供國內參考者，都請 先生抽暇撰寫，本報樂為

CENTRAL DAILY NEWS
HEAD OFFICE: 1795 CHUNG CHENG ROAD. TAIPEI, CHINA
CABLE: NKCENDAILY. 6056 1032.

貴報。我們的教育界實在是太沉靜了，必須注入一些新的血液，纔能恢復青春。末了，我代表本報，致謝 你的大作。

專此，敬頌

旅安

弟 曹聖芬 手啟

五一年四月廿六日

尊處有本報航空版否？

附翰8　張芝聯　翰❻

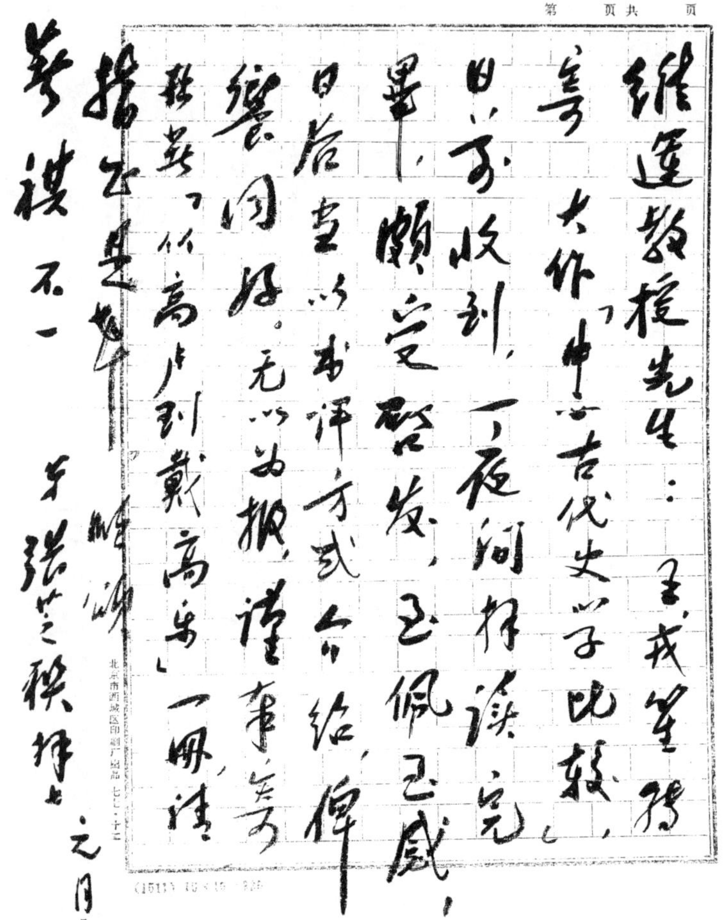

第　頁共　頁

維運教授先生：壬戌賀箋隨寄
大作「中西古代史學比較」，
日前收到，一夜間拜讀完
畢，頗受啟發，至佩至感！
日前曾以書評方式介紹偉
著同好。无以為報，謹奉寄
拙著「從高盧到戴高樂」一冊，請
指正是幸。順頌
著祺　不一
弟　張芝聯拜上　元月二

北京市西城区印刷厂出品　七七・十二

(1511) 10×19＝190

P.S.

付邮前想到一件事：近年来出版西方史学名著多种，以补充传统史学之不足，如美国Gay的《欧洲史学新方向》，《国际史学研究手册》，法国Le Goff主编的《研究历史》与《新史学词典》，西书中的论文选，法国Braudel的两部名著《地中海》与《物质文明》……在印制出版，等等。尚有多种亦已列入翻译计划，如Marc Bloch的几部成名作。为避免重复劳动，加速出版进度，能否双方加强联系，互通信息，探索合作途径，望有以教之。

附翰9　張芝聯　翰

北京大学欧洲研究中心
Centre for European Studies - Peking University
Add: Room 5407, Law Building, Peking University, Beijing 100871, P.R..CHINA
Tel/Fax: (86-10) 6275 5367　Email: eucenter@puk.edu.cn

維運教授：八月十三日手函及宏著中國史學史第二冊先後拜讀，至佩，至感！清末民國以降，受外國影響較多，情况亦為複雜，但閣下完全能駕御，何妨概述至五六十年代，作為第四卷，末附參考書目，对初學大有裨益。邀請大駕來法講學一事，無時不掛心頭，容緩之。系內近忙于籌畫系慶，明春或有可

順頌

節日快樂！

張芝聯拜　二〇〇四.九.六

附翰10 陳訓慈 翰 ❼

河魚天雁多消息

維運先生教授大鑒：常在港台刊物中（及大陸「史學動態」期刊）得介紹，見到 尊著關於清代史學之論文，不勝佩慕。近見北京中華書局翻印書中，有大作「清代史學與史學家」一書，收論文十二篇，始知台灣先出版，而后有大陸之重印，審訂編排，秩然有序，有明清間王顧黃三大儒以下訖「趙翼之史學」，皆盡覽諸先儒之著述，鉤稽俱有斷裁，立論至為平正，殊用欽倒。又早年之「清代浙東之史學」不成熟之舊作，亦承齒及，當時摘述淺嘗，本不足道，尤其以章氏檢論曾以定海黃氏父子之治禮書，似承浙東遺風，竟將二黃敘入本章，實則定海之學，是為考証學派為近，似宜易述。暮年荒廢，未有改作。近來杭甬學

叔諒用箋

河鱼天雁多消息

者，纂辑黄宗羲全集，（编成未印全）又曾在甬上举行二次浙东学术
讨论会，先生之论，一以章实斋浙东学术篇为纲，而以章节承之，分别成
文。可云内容美富，析衷至当。惟收入此书者，有章实斋而尚缺邵二云，
此犹可缓图，而有全祖望而无「萬季野之史学」，於全书似为缺憾。弟近与
同乡友人方祖猷君通讯，（方年少於我，係鄞人，我原籍慈谿，今归余姚，言「四
明」自以属宁波地区故）知在某一索引书中，列有大作「万季野之史学」一文，见
台版「中国学术史论文集」第二期，则此文在「清代史学」一书辑成时当已撰
就，殆为有待补改，故未辑入。今方君专意函向　先生请益，说明「学术史论
文集」大陆见不到，冒昧以吾二人合撰「万斯同年谱」，已经成稿，并附有「谱后」

叔諒用箋

河魚天雁多消息

資料，希記季野故後，有關万氏研究之論著，欲收入先生此一論文与其他此方面之論著。大著卷首作者簡介中，云 台端原為台灣大学历史系教授，現任香港大学中文系教授。無論在台或在港，吾二人無聲氣之求，頗自附於交末。中國文化大学历史教授宋晞，是予曩在戰时浙大任教时之同学与子婿，現函托其附寄此信与方函于 先生，予并已託宋君，即若 先生已移帳于港大，則請他在台灣之大圖书館查借「学術史論文集」第二期之大作「万季野」一篇，代為複印一份寄杭。万一在台查借不得，敢煩在港將 尊著「万季野之史学」一文複印，是否可煩逕寄「寧波宁波大学中國文化研究中心方祖猷」收，以

叔諒用箋

河魚天雁多消息

免宋據轉改寄，其印費則由宋教授或林天蔚教授代付，祖獻弟言有未盡，故多函贊述如告，學術為公，應求為樂，在此盛倡文化交流之秋，諒蒙

鑒助而不以為瀆也。祇頌

教綏

弟 陳訓慈謹啟 五月十七日

叔諒用箋

附翰11 楊翼驤 翰

南开大学
NANKAI UNIVERSITY

维運先生大鑒：

數日前先後收到尊函及三部大著（憂患与史学、與西方史家论中国史学、趙翼傳），不勝欣喜，至為感謝！

收到之後，急忙拜讀了三书的序文，瀏覽了目錄及部分重要內容，对先生学贯中西之造詣，高卓独到之見解，極為欽佩！因此想到，为写出一部令人满意的中国史学史，非才、学、识俱备如先生者莫能為也，今第一册已问世，大放異彩，再过数年，全书完成，必將光芒万丈，为中国史学史之研究与撰著树一丰碑。我若能親眼看到，细心阅读，则平生之愿足矣。

我正在整理中国史学史资料编年第三册（元、明）之书稿，惟时有其他事务干扰，能否于预订之时间（今夏）完成，很成问题。盖因精力衰退，每日能以工作的时间有限，徒呼奈何而已。

餘容再叙，敬頌

著祺

楊翼驤 1995.3.28

附翰12 楊聯陞 翰

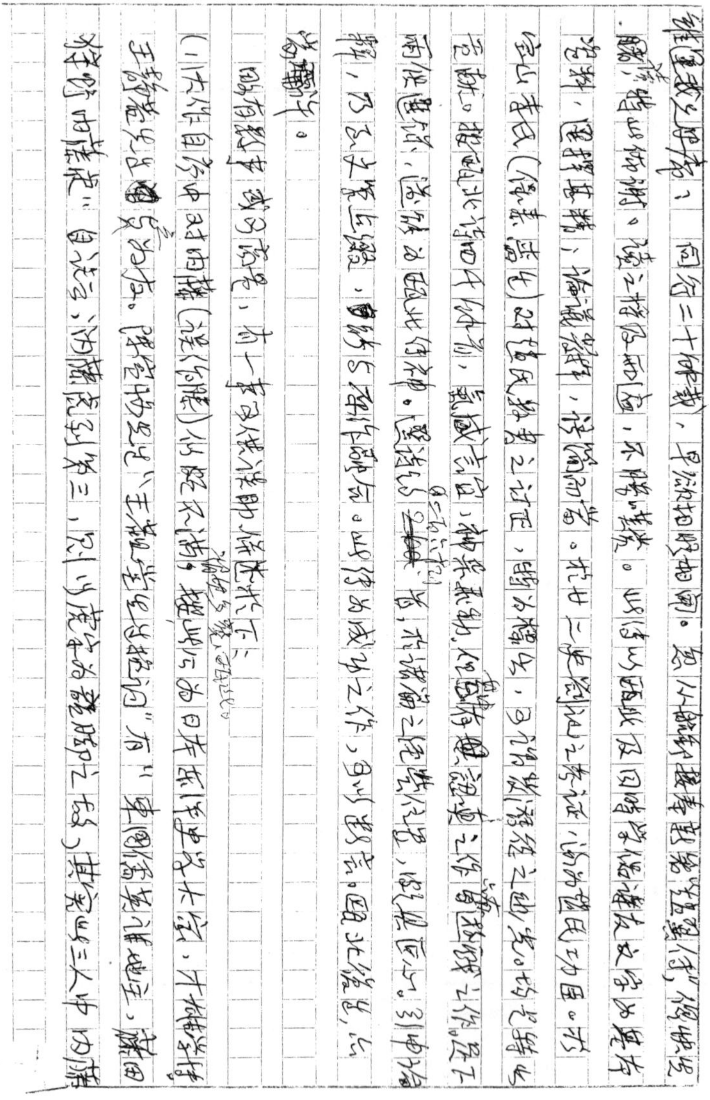

維運我兄史席：闊別二十餘載，早欲相聞相問。忽從航郵接奉新著"趙翼傳"，經快先睹，特此佈謝。讀之掩卷兩過，不勝嘆賞。此傳以甌北及同時學侶諸友文字為基本資料，選擇甚精；論議亦精，詳簡而當。於廿二史劄記之考證，以為趙氏功臣。於寶山李氏（保泰 當生）對趙氏殺書之訂正，特為標出，可謂發潛德之幽光。均足特出貢獻。按甌北詩四千餘首，氣盛言宜，神采飛動，但亦有譏諷之作、遊戲之作。足下兩供選錄，遂能為甌北傳神。選詩約二百六十首，於諸篇之後，引申論釋，乃以文筆點綴，與詩作融合。此傳為成功之作，可以斷言。甌北復生，亦當首肯。

略有數事或可商量，有一事可供談助，條述於下：

(1)大作自序中對內藤（誤作滕）似頗不滿，按此公為日本東洋史學大家，才識學博，王靜安先生引為友。陳寅恪先生"王觀堂先生挽詞"有"東國儒英誰地主，藤田狩野內藤虎"自注云：內藤虎列第三，則以虎字為韻腳之故，其實此三人中內藤虎之學最優？是王陳兩大師，皆推重內藤。其"中國近世史"乃身後有人整理講稿而成，但可見其治學規模之宏大。以宋代為"近世"（Early Modern），從政治經濟社會文化諸方面立論，內容不能與西洋全無關係，而自成格局（似非影響），此斷代法（所謂"時代區分"）影響頗長。不但日本有"內藤史學"之說，歐美亦復風靡，學報且有專文論列。然以歐美學人往往先於漢文精習，而日文之外較為明確，字典又多，遂以日本學人著作為捷徑，而內藤之行情益高。

郎意內藤之手批"廿二史劄記"，可能受梁啟超影響（同時日本尚有提及趙翼而誤作張翼者，蓋趙張二字讀音相近，如此隱其名）。梁氏之"中國歷史研究法"出版不久，即有專文譯成詳介，頗為詳細。桑原亦西京大師，其蒲壽庚考有中譯兩種。有意將中國史納入西洋史，乃至世界史。較內藤更為開闊。京大退休教授宮崎市定（第一講座，東洋上古史）為東洋學泰斗，與聯陞有忘年之交（1962年來哈佛任福特講座教授，聯陞1962春至京大講學，作為交換。借寓先生府上，并用先生之研究室），聯陞贈詩（"還應大膽當推敲"），而先生重實不求名，專以學者學問，先生已過百齡。世人多以宮崎為"內藤史學"之繼承人。然聯陞則謂得於桑原先生者更多。自集論文數卷，名為"亞細亞史研究"，職此故也。（先生生於1901年）

煌之巨製（P.IP）

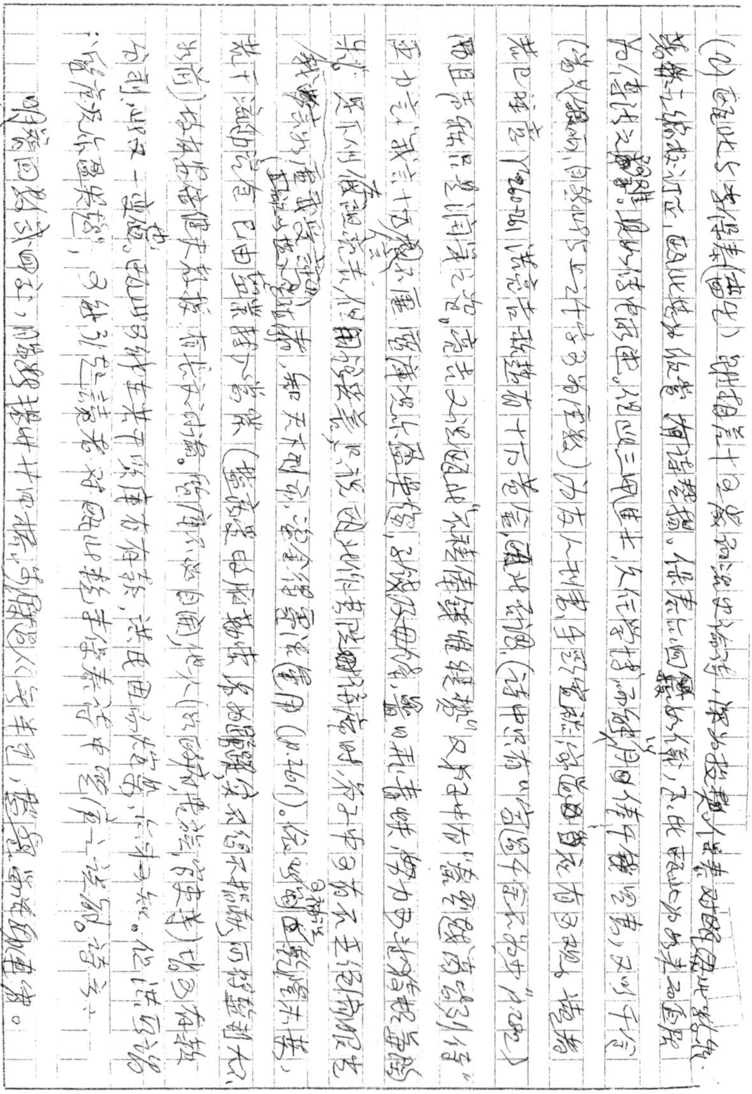
27×37=999　　64. 8. 10,000　　中央研究院歷史語言研究所集刊論文專用稿紙　（不作他用）

(3) 当时论诗人，先说袁蒋，后说袁赵。中间（蒋若先时）有鼎足三分之势。又有好事者，为"拜袁揖赵哭蒋园"（似有两说）。从下用钱锺书"谈艺录"之说，以为此是袁氏十分偏见，赵氏则将计就计。诚是。但赵氏决非甘作第三人之辈，他对蒋心馀虽是老友，则他晚年力衰时，不惜以"筑壁风吕"相戏（蒋只活了六十岁）。子晴的是，瓯北在他给浙江的蒋、张两徐手吹嘘之时，也提到"却悲其性坚，背礼阵，不如早筑壁风台。"瓯北结句是"他年应遂麋鹿家，此日最惜谈笔也"，给蒋而他来向瓯北是自己解嘲。瓯北在清代诗坛少得不作第二人想，所以对袁子才、蒋士铨之态度，晚年都有变化。所以论诗集中他本朝只论吴梅村与查慎行，其故也就可以谅了。

(4) 论诗诗中有"毅内强之会不知它的代价"（p.300）又有"由来声与光，两属远英实"（p.285）搭子到内强会，声光电化，皆西洋社会学（达尔文）物理常识。明末耶稣会来，到乾隆时此类的话，或已在若干士大夫之间流行，似亦值得一考。瓯北个人观察力之敏锐，诚如尊说。（康熙的学暇格物，瓯北想未看过。）

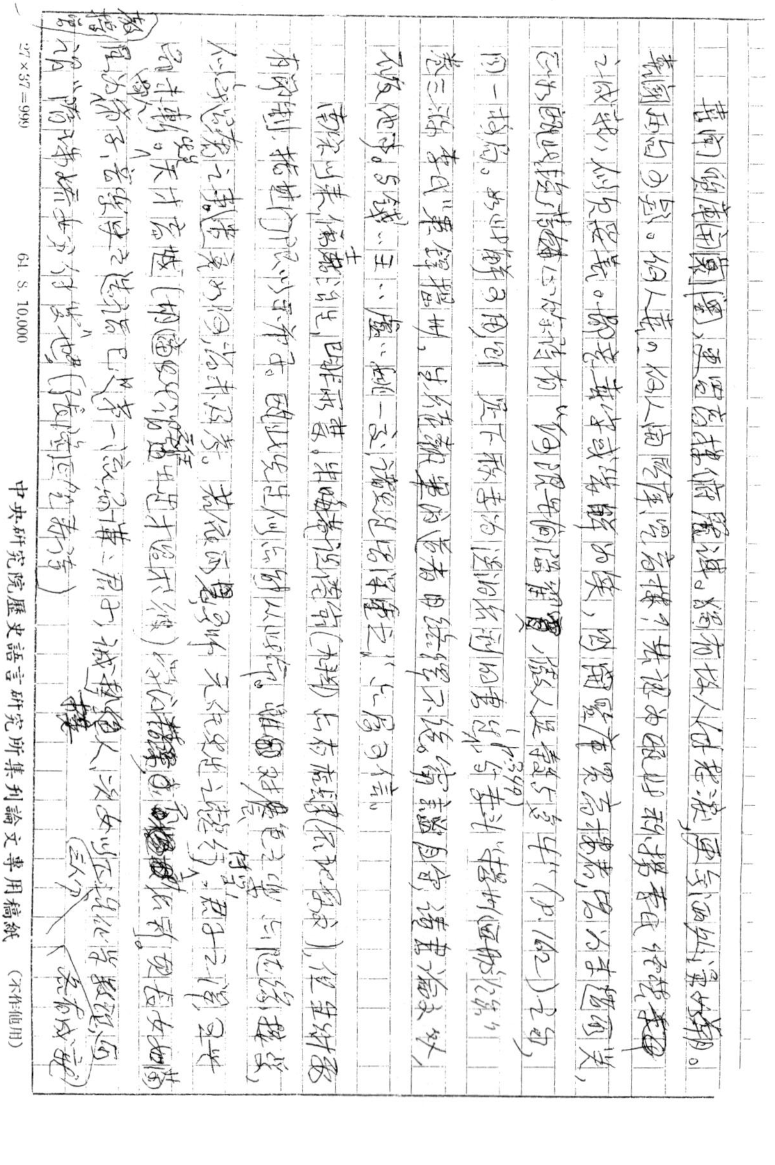
中央研究院歷史語言研究所集刊論文專用稿紙 (不作他用)
27×37=999
61. 8. 10,000

與甌北翁同姓後百
廿年同丁未生同以乙
丑入泮同登庚午賢
書同由中書入翰林

趙翼 1727 丁未生 1814

1745 乙丑 生員

1750 庚午 入式舉人

6.16

1983.10.26

伯遠前輩
作小印五年乃
成印 [illegible]
付李縉

附翰13　楊聯陞　翰

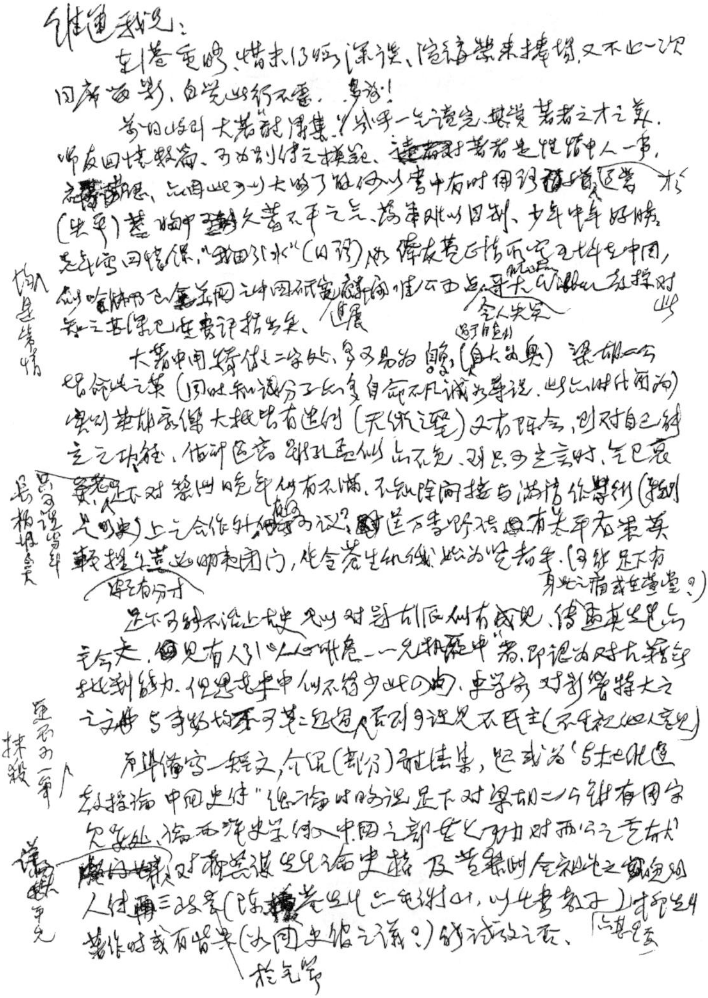
維運吾兄：

到港室晤，惜未得暢談深談，隨蒙惠來捧場，又不止一次，回席攝影，自覺此行不虛，多謝！

前日收到大著詩集，頃甫一氣讀完，彌覺著者之才之美。師友回憶數篇，可以副傳之撰寫，[illegible]著者是性情中人一事，[illegible]，亦因此可以大略了解何以書中有時用詞[illegible]於[illegible]。少年中年好勝，[illegible]

大著中用[illegible]二字處[illegible]（自大為臭）梁胡[illegible]（同時知識分子亦多自命不凡）[illegible]，大概出有過（天[illegible]）又[illegible]，則對自己[illegible]之功能，[illegible]足下對錢[illegible]晚年似有不滿，不知除[illegible]之外[illegible]？[illegible]

足下[illegible]

[illegible]（部分）[illegible]中國史[illegible]足下對梁胡二公[illegible]中國之[illegible]二三[illegible]著作時或有沿（如國史館之議？）[illegible]

所論尚可略補充：（1）家傳是時代特徵，如後漢史傳
宋史道學（儒林另）絕無僅有（元史亦有趙復、許衡等及張九）
明史流變，因之特數者有兩史宗年譜，此論可得
吾人已發其端，何不試說否？（文史通義似有之）
（2）自傳云云，作家甚早，子書卷末多見自傳而最完者
（太史公等）論衡之自紀，細說物理亦不諱言，
抱朴子全稿尚有此段，曹瞞父子文武兼擅，自明本志令
（郭沫若所謂自敘傳文）未收，但所收各篇多精，自此以後通以下
有三篇，更可選，此書知者似不多。今代"把胸點時之
'以人自傳之作'"更多佳例，（此文之末或尚能有此總贊
作結，常先生對我之年長者，不惜指導，書札多論學術，值得出
專寫一文）（第一點寫者見近代傳略篇，可以此年代論之
但對他的五十年史學著作、學史方法，倘能略評之可能
些論之說他自述，如近人曾想著近代儒林傳，此者應
在史學範圍內，是陸氏之兩代亦可包括，如司馬君實
與劉道原之多次通討論，可見著作之認真。（參見亦見此處）
有一遺憾（或抱歉）之事即是下五六名時第二、三次
發生之誤，如知止略作為可知之國史探微，不應許
可錄之文字論述（當時較缺，今文之論作成第一二十四
尚未列，錄本一篇宜作史學的結論，如陳寅恪先生四言
之誤，三七等字義亦甚容易之誤，已將那一些字句改合，適依
兩份與所需照立（Needham, Waley等錄其相應文字亦錄列序）
尚有所據，金岳霖學生園中與陳寅恪（當時在BBC）劉殿爵兩先生閒聊，
劉先生不見舊稿內容甚或錄錯一二，以今日得此說，
可錄見 Van de Sprenkel（開史協所作）極力主持，
他與 Pulleyblank（蒲立本）、Twitchett 等輪流作主席，

（左側旁註）此不為憾，可以字之
（左側旁註）尚有所據

来书提及今后每次发函记录,也可油印底纸,分寄诸公(要紧)当有一份。此种可以代表当时西人对中国史学史认识之程度,并可以纪念当时讨论一段事。武后时有人献三足乌为祥瑞,至彩画待观时,第三足脱落,家人失措,武后从容说,但令史官记某年月日有人献三足乌"足矣。大家因我说此只一footnote,此只是foot可以双关,Waley所称赏。(我因我生从他[illegible]纪史已知此等故事[illegible])

《中国若干史学作者》以为Gardner氏为之大恩人(他论[illegible]受知自力,故我於治史之事)又一次一意指我英文及一般汉学知识,早从胡[illegible]在汉学界引入学士名,大约在西方而论,论今[illegible]已过时,可以只[illegible]也不(第二汉学故家,[illegible]思公夫妇)(思公在当时美国汉学bibliography排名第一)

(书曾有朱士嘉著评,亦非一无可取(只是入门之书))

大著称Needham为汉学家,只要说其书为科学艺术史,兼科学及技术。Needham自己书亦如此写作。他自己中文有限。

此地小问题,下次再说。"与杜[illegible]论中国史学"等未何讨论,再略第[illegible]时恐尚不成熟。自传之可以[illegible],是下棋先占天元与四角(镜子),不说要提[illegible]。今日传记文学中之字有一半以上是自传,近代史所印[illegible]丛书亦可以见到亦正在此。(人)自传与不自传未[illegible],先自传(有口述)(自传)

更容易。文中[illegible]"谈之论史"及[illegible]师母(自传[illegible]会传,[illegible]作[illegible]),及[illegible](述先)师所著[illegible]董公[illegible]生之([illegible]例)

自学读行录亦甚可佩。

即祝 俪祉

弟 杨联陞 上 1985.1.21

附翰 14 杜維運覆楊聯陞教授 翰

UNIVERSITY OF HONG KONG
SAPIENTIA ET VIRTUS
Professor: 5-8592743
Office: 5-8592744
DEPARTMENT OF CHINESE

蓮生教授賜鑒：

風雪中英倫歸來，已屆歲末，忙碌數日，猶以寫此信，聊表問候之意。

第二屆漢學會議席上，未克領聆我公宏論，殊引為憾。陳捷先兄轉來賜贈之墨寶，喜出望外。讀此論詩名句，得我公瀟灑俊秀之書法，益顯神采。拙著《趙翼傳》亦將殺青，榮孰大焉。《趙翼傳》橫遭厄運之日，而再得我公賜字，幸孰甚焉。目睹流落香江之馮國璋之孫為海岳先生精裱之（其先為汝以擅長繪畫，以撚奉），海岳先生自動代刻印章，以成其美（印章之不尚真，猶如是也）。今懸掛於客廳中，與胡適之先生一九五三年相贈之「自古成功在嘗試」七字相對映。見者皆稱我公之書法，較適之先生猶勝一籌也。

丁邦新兄長途電話相告，我公推薦候選通史講座函已到，提呈評議會議表決，將在今年春季。本校吳發，

Professor: 5-8592743
Office: 5-8592744

SAPIENTIA ET VIRTUS

DEPARTMENT OF CHINESE

當試擬撰校讎擴之盛意。十年一覺香江夢，心手復留戀此土耶？！

趙翼傳問世接近四年，已出三版（後四謂初版、例二例三例），望四版時，擬博采眾議，大作修改，俾更不昧賜示教言。所見之八書評中，一爲惡性之攻訐，然其中如有可取處，亦採納之。

中國史學史第一冊在撰寫中，可望於一九八八年年底殺青。讀先秦兩漢之文，誠一大樂事。

匆此，敬

頌

闓府年禧

後學 維運 敬拜

一九八七年二月二日

附翰 15　左景權 翰

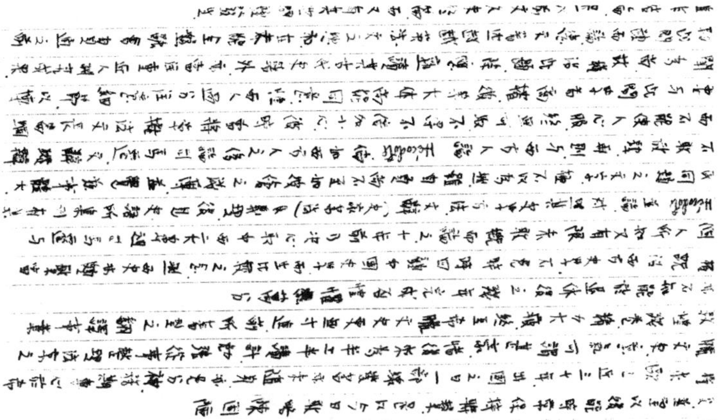

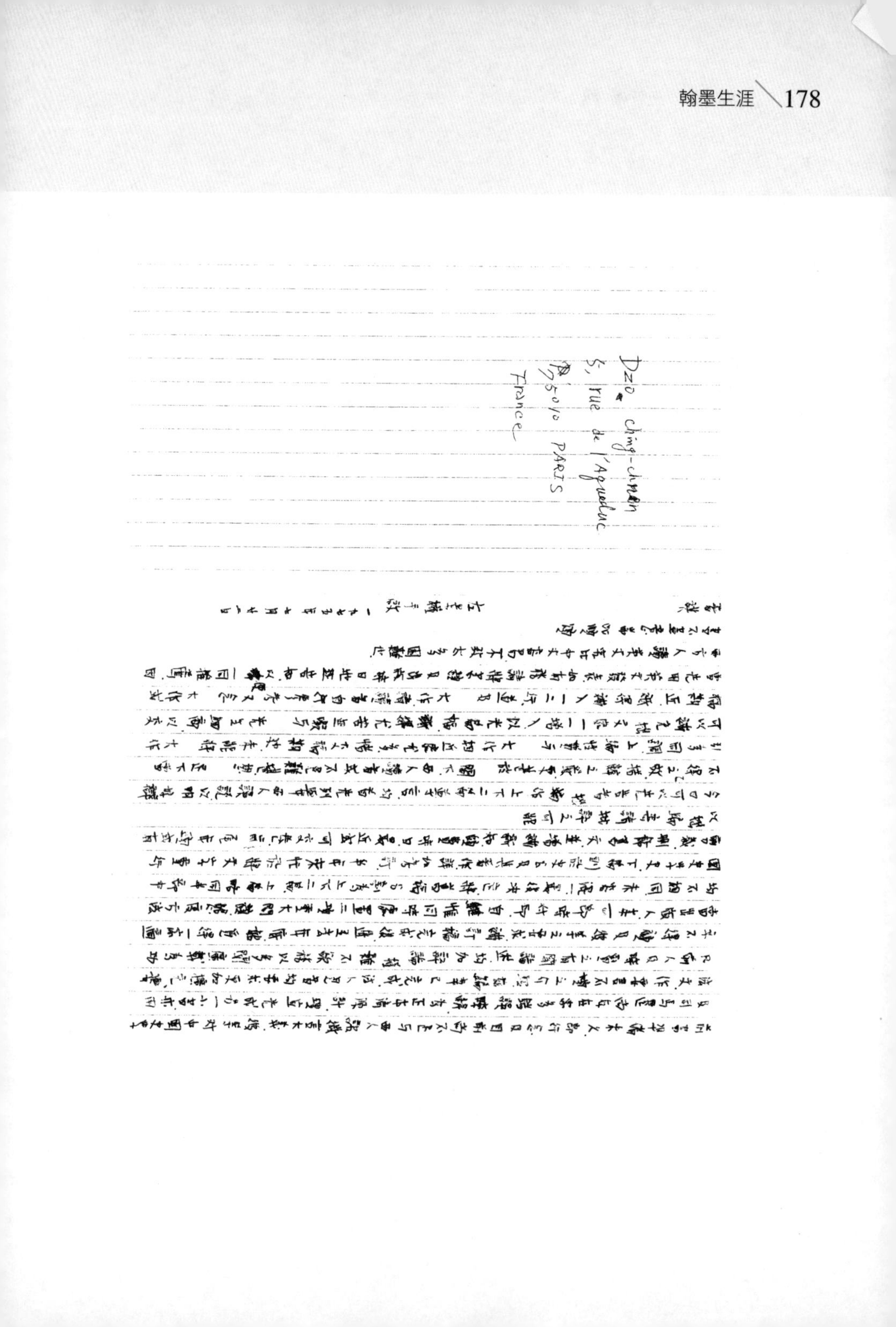

[illegible]

Dzo Ching-chuan
5, rue de l'Aqueduc
75010 PARIS
France

附翰16　左景權 翰

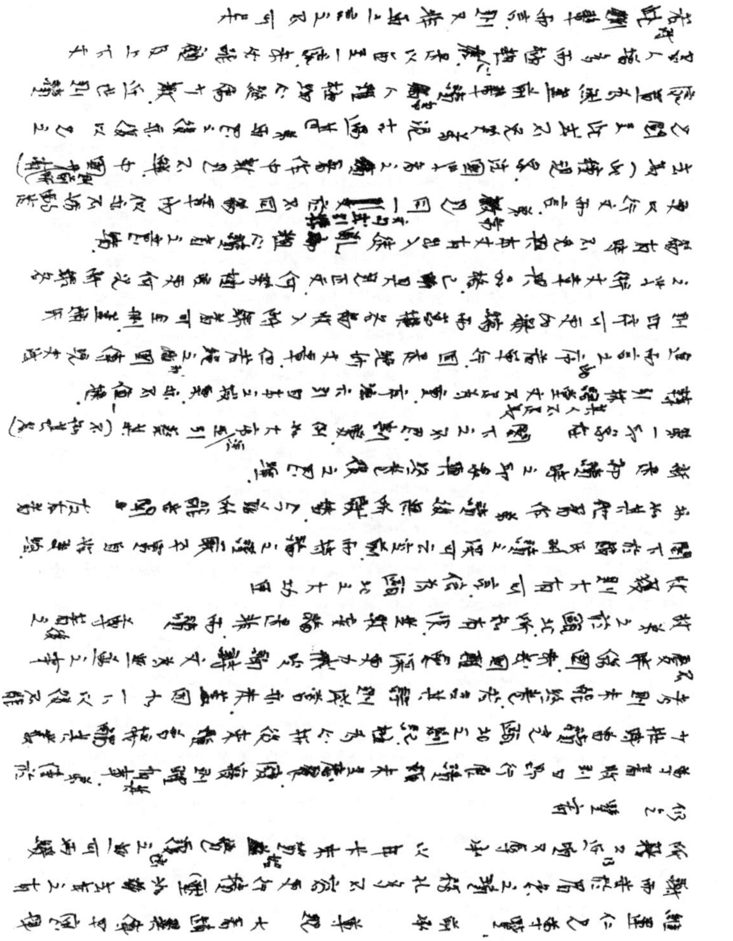

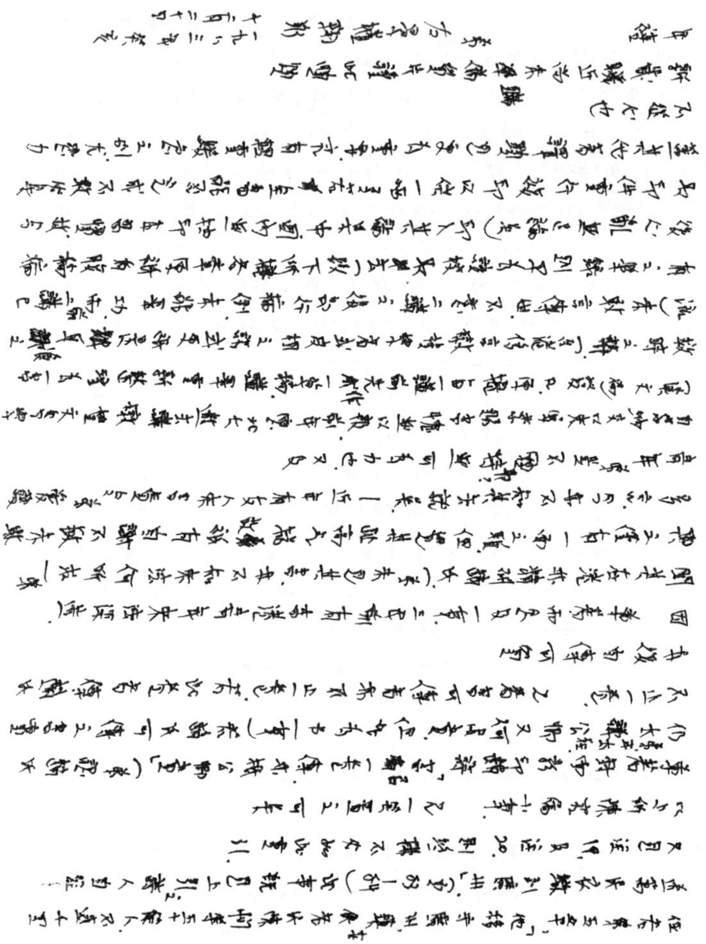

附翰17 左景權 翰

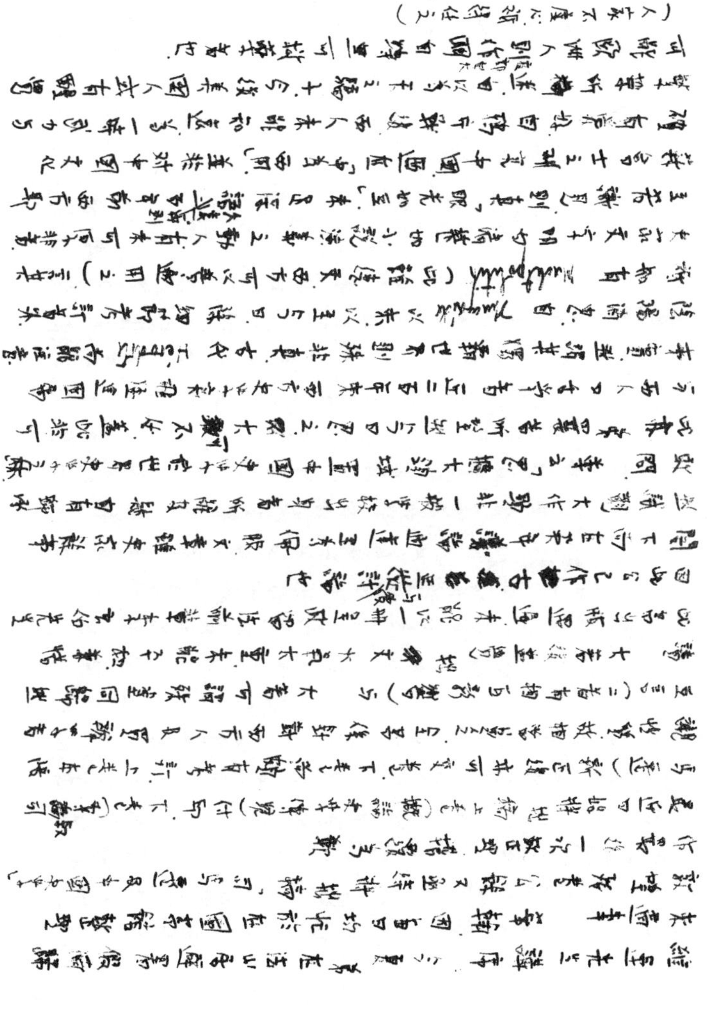

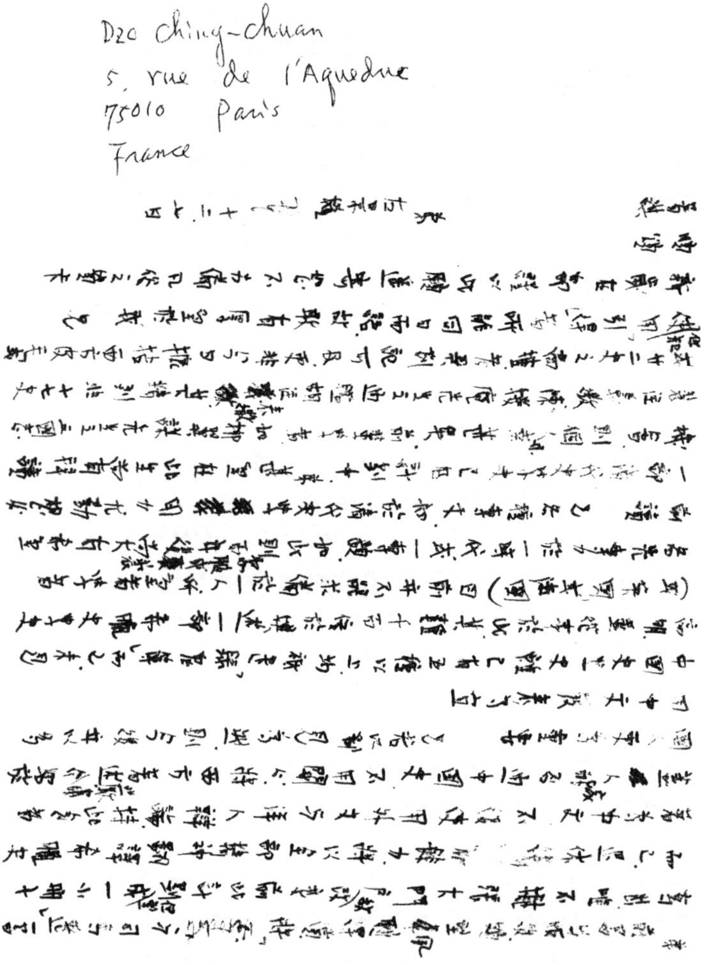
Dzo Ching-chuan
5, rue de l'Aqueduc
75010 Paris
France

PING-TI HO
PH.D. / LL.D. / L.H.D. / MEMBER, ACADEMIA SINICA / FELLOW, AMERICAN ACADEMY OF ARTS & SCIENCES
5471 Sierra Verde Road / Irvine, CA 92612 - 3842, U.S.A. / Tel ~~& Fax~~ + 1 - ~~714~~ (949) - 854 -0282

1-949-854-0282
新Fax - 1-949-679-8898

杜維運教授

維運教授足下：

六七年來我一直遇到與你通信的困難。上週自中研院友人處才打聽到你的華府加拿大地址：440 Glenbrook Drive New Westminster, B.C. Canada V3L 5J5，尚未得覆。好像記得 足下可能在彼處過冬，所以再試通信。

目的在請 足下先閱拙作兩月前撰就的長篇學術回憶錄《讀史閱世六十年》，並因為你長期致力於史學方法及史學史，對中國史學史具真知灼見的，只有 足下一人。望見信後與我通一電話，我將以此稿寄去請 正。

電話號見此頁橫線上。因此箋信紙上有舍Fax及其他號碼。

匆匆，敬頌

文祺

何炳棣

2003年11月26日

附翰19　何炳棣　翰

維運教授史席：

大札既去年十二月上旬即收到，華"新"著《中西古代史學比較》及《變動中的史學》。兩三夜床上先迅速披讀一過，繼又抽暇分部細讀，不勝欽佩之至！

前者闡揚我國古代史學之發祥優先，較諸[illegible]學長"開山"之作，闡揮深邃不可同日而語。每章皆具真知灼見，相信如經高手英譯，西方史家亦只有讚嘆傾服而已。至於詞藻之雅麗，尤能引人入勝。

後者性質與前者有異。〈歷史研究與靈感〉一篇取材至佳。史遷、古本皆讀萬卷書行萬里路方，畢生嘔心瀝血始完成千古皇皇巨著者，對讀者深具激發砥勵之功用，更不待言。

散論之中，竟當及棣早歲[illegible]以及後來海外國史研究之[illegible]，尤令我院[illegible]。[illegible]，棣一生治史無暇顧到浙東先賢，不甚熟悉，致與古越氏學風亦無關係。[戴繼先乎[illegible]所續之語即出自全幸義篇！]

[illegible]，且只此兩度往返醫院。返美後仍[illegible]，惟先秦學術及制度上最大的謎案——《孫》、《墨》、商鞅、[illegible]——[illegible]，經年累月尚未正式開講耳。

恭頌

新年一切佳勝！

何炳棣

2007年1月2日

附翰20　牟潤孫　翰⑧

第　　頁

維運仁棣：月前得來書，至慰。然
出研究大題則感不易，一則手頭及港
地各圖書館均無日文雜誌，有關中國研究論
文索引不能查出題目，經留日人重複否再
則須材料易得，研究容易而為吾弟所
熟悉者。如例年來仍是從小處着手，
大處着眼，此種題目從之派錢穆角
安之人所著書固易扨，要要專家想
起峰，恐不能不延擱，趣以一題寄去，
未知來得及否？來者能適用否耳。即祝
新年快樂
潤孫

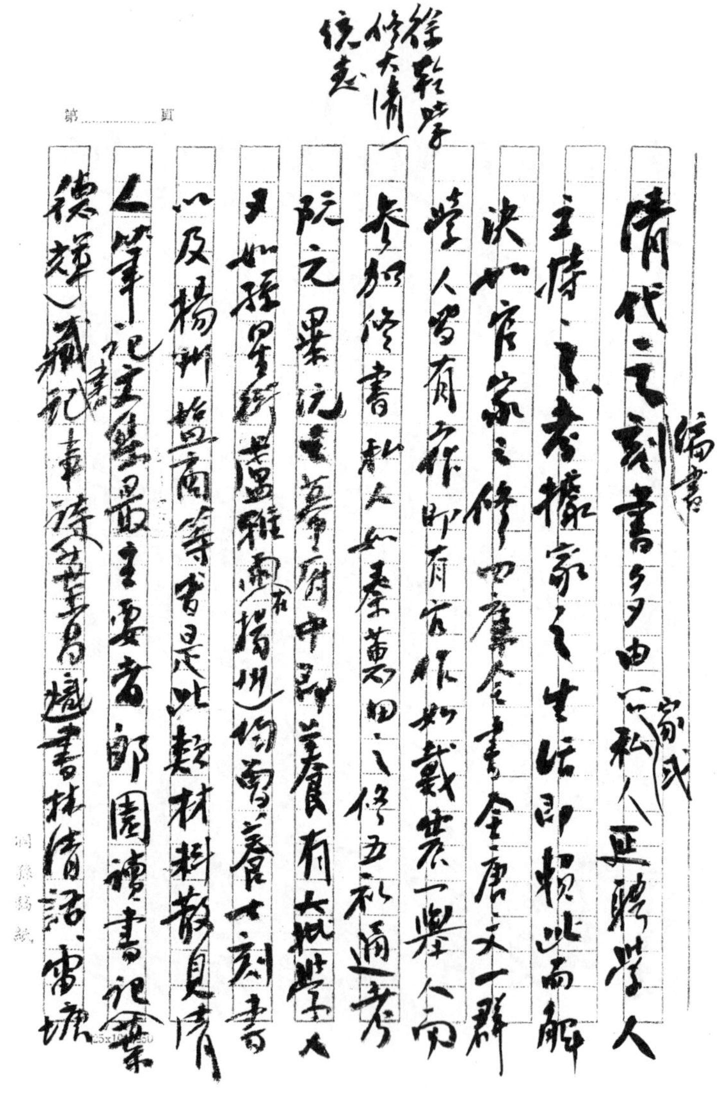
第　頁

清代之編刻書多由一家或私人延聘學人主持，考據家之生活即賴此而解決。如官家之修四庫全書、全唐文，一群學人皆有所作，即有官作如戴震一舉人而參加修書。私人如秦蕙田之修五禮通考，徐乾學修大清一統志，阮元累遷之幕府中，即養有大批學人，又如程晉芳、盧雅雨（揚州）均曾養士刻書，以及揚州鹽商等，皆是此類材料散見清人筆記文集，最主要者：郋園讀書記（葉德輝）、藏書記事詩（葉昌熾）、書林清話、雷塘

25x10=250

第　　頁

筆記(及錢穆三百年學術史所附年表)均可為參考找線索之資料

題目:清代之學術工作與考據學之發展

首需將全所業之書先讀一遍,找到此題目之主要關鍵,然後再寫稿

寫計劃

學術者作、編書、校書、刻書、編書目、(似可包括)(書院山長)講學、當幕僚(督撫衙門中作客)(或鹽商家中作客)

揚州鹽商家、全祖望、惠棟、戴東原,均曾作客

10×25=250

附翰21　牟潤孫　翰

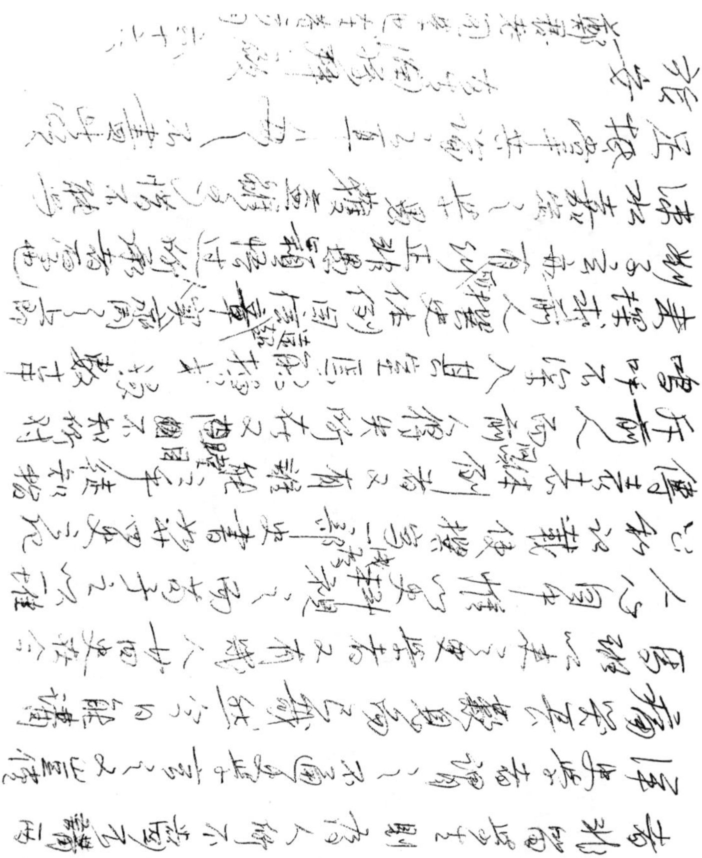

附翰22 沈剛伯 翰

國立臺灣大學用箋

維運老弟：久疏音訊，得六月十六日來書，欣慰之至。
初秋多雨，天陰轉好之時，只要盡量不著涼濕，便宜保養。
多跑些地方，見聞之所得大可補書本之不足也！
在英多接觸那學術的氣氛之中，其重要處尤不可忽(?)。
了，莫同義一談不說了，至於讀史要新，是要譯了，劉書之說
譯釋主信了，李書的部份翻譯業已完了，這些都是
出外意外的學(?)收(?)，其他便沒什麼事可以奉告了。英國史的
陽(?)衡女郎一家的傾閣，而譯的還沒有傾城，僅在北一地，讀
者現已去了九分之一，[illegible]的去了半了。[illegible]卻一次書設完(?)
這一期上說我看了二十遍，只是補風捉影之談。[illegible]

臺灣省臺北市羅斯福路
電話：總機二三七一一至二三七一五
電報掛號 中文：一三三一（學）
洋文：[illegible]

52 3.10.000 丁4（192×272公厘）　（專供公務使用）

國立臺灣大學用箋

才有信來，並述近幾年之情緒頗雜，頗傷感，學佛一定要大
勝煩惱，才好。老弟也就這樣絕妙之事，他說曉得
皈依那錄，這未免太執着了！那以即佛，因為着我，
我常覺義淨之謹守戒律，亦如濟公之放浪無羈，
而濟公之大吃狗肉，又正若六祖慧能之佛教革新
活潑，乃撰，因為奉愛洗心自省一層，乃屢違律守，好吧。
老弟所求出路之，你得不懂佛之好障一切執縛耶！！
捨手頭大方者自悟，是否修不足，我們只能推給了，須
軀殼裏，亦蠢々未滅，願望之如故，須學佛之智，也可以
當然是了 弟根本就未能出路，來年才說

墨香齋，

沈剛伯拜手 六、廿日

臺灣省臺北市羅斯福路
電話：總機二三七一一至二三七一五
電報掛號中文：一三三一（學）
洋文：TAITA

52 3.10.000 T4（192×272公厘） （專供公務使用）

附翰 23　劉崇鋐 翰

維運同學：今日十二月九日，距

閣下出國之日整整三個月，台北機場送行宛如目前，而今

閣下在劍橋過用心讀書之規律生活，余則於參加聯合國

文教組織十二屆大會之中，抽暇週末來比京，此刻清晨在

旅舍寫信，真非三個月前想像得到，惜如遠出國功課久曠，

會後又將去美國省視兩兒，不克至英國一行，與

閣下及王君把晤（英法甚近，但中國人入英境Visa麻煩，申請需早辦，

余想已太遲）

惠贈E. Carr論史學之書，迅速寄到，正好應用於史學選讀

之課，感謝之至，又承

惠函（十月十三日），詳告在劍橋讀書情況，學業日進，至感欣羨，

趙甌北之史學　閣下雖曾作研究，然以與西洋史學作比較，想可得若干新看法，且可如　閣下所言，節省閱讀中文材料之時間，以涉獵西洋史學典籍，錢以為甚是得策。錢於十一月四日離台北，今已一个月有餘，系中最近狀況，恐需詢問陳君捷先、孫君同勛。錢可告者：（一）許君倬雲自美回台，在史語所從事研究，在台大兼課，授研究生「研究實習」，作一種基本訓練，想很可俾益同學。（二）東亞學術計劃委員會特聘之韓國史客座教授林君，係旅韓之華僑，生於韓國，原籍山東，是一位年青有為的學者，頗得學生願從他學習韓文與韓國史。（三）張貴永先生與錢同至法國參加聯教大會，他是代表，參加計劃委員會：（錢祇是顧問

(四)沈剛伯先生接受新加坡大學校外委員之聘，至該地作三星期之訪問，或已返校。(曾有人言十月來，台大西史教授書室)　(五)李玄伯先生仍病在醫院，熱度未退，令人頗以為慮。所任中國上古史課，本年暫停，四年級生由夏卑如先生指導讀書。另一課「中國古代社會研究」由許倬雲君幫助指導。

在巴黎每日開會，參加國際活動，幾乎終日不得閑，此刻在比京旅舍靜中寫此三頁，如與

閣下面談，甚感愉快。但已屆七時，又需準備出發，祇好停止。祝候

學佳

王君增才同此

劉崇鋐敬啟　十二月九日

附翰 24　姚從吾　翰

No. ....

維運兄：

輔仁發薪否？秋節即將到了，弟時以兄與增才兄〔闔家〕之生活為念。增才在台有親屬，然為獨身，尚易應付。兄則須有此困難了！弟剛得到一筆出書費，請暫借兄壹仟元備用，將來再慢慢的歸還。倘兄鑒及區區的微忱，幸即來研究室一談，面商為盼！弟每日上午八時半至十二時以前，均在研究室。專此，即問

近好！

弟　姚從吾手啟

四十三、九月廿四午后。

又，此事僅弟對嫂夫人說一點微意，不願他人知。一千元，實不足道耳！

25×10=250

國立臺灣大學

附翰 25　姚從吾 翰

No. ……………………

維運兄：

茲奉上去年一年之、聊表種々之忱。敬乞哂收、為禱！

歷史方法論、另外每一學期、宋遼金元二學期、可以研究些〔畫〕、供同學參考。我的意志、把〔這〕課教好。我想、至●植種問、常々一身肯、時令一時不能理想、久而久之、也許會慢々好轉來的。

遼宋元（八十五萬字微以補之）我給你吃老命啖之後、可以詳々細々好讀一讀。專此奉問

兄嫂近好！！

弟 姚從吾 上。

五十三年九月十二日、午刻。

25×10=250　國立臺灣大學

附翰26　姚從吾　翰

No.

維運兄：

我希望　兄能再度把握赴美的機會，到哈佛去住一年，或兩年，圓滿的完成　您貫通中西史學的理想。理由甚多，兄想一想即可了然，這裡恕我不一一列舉了。我只能提示兩點供　您參考。第一，是年齡的限制；這最不合理，但在我們這個落後的、老而又窮的國家，當事人就不能不對它多加遷就。不然，縱有才學也會被無知的、漂浮階層忘記的。第二，爭名於朝、爭利於市；目下世界學術行情已轉移到美國；雖不公允，但事實確是如此。兄應當把這兩個鈎橋連結起來作一比較。這樣在個人可說是一種享受；在事業上，增加了發言的力量，消弭了無謂的阻撓，自是有很多方便的。愚見：兄在哈大住一年或兩年，與英美史學界各派交換意見，用英文寫一部關於中國史學史變遷的（一部精審著作）發展史（中國史學史），應當是很有用，很容易成功的。這是您的責任。敬請　兄嫂加以考慮是所盼禱！天賦、興趣俱佳，而又能史、文、中外兼通的朋友，越來越少了！兄應加倍努力，當仁不讓！

祝　全家好！

[illegible]

25×10＝250　　國立臺灣大學

附翰 27　夏德儀 翰

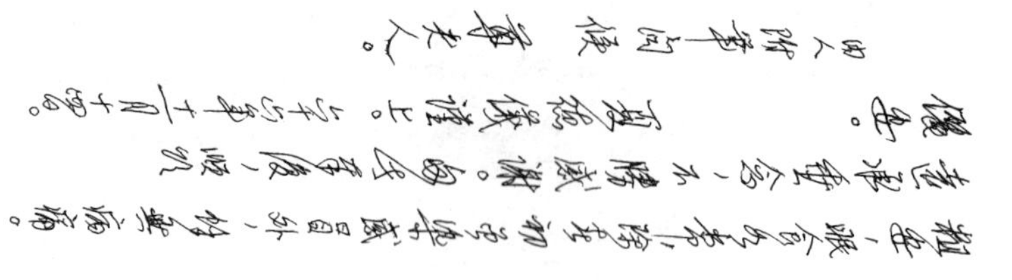
不勝感謝。
健安。
謹上。六十六年十一月十四。
內人附筆問候 夫人。

附翰28　勞　榦翰

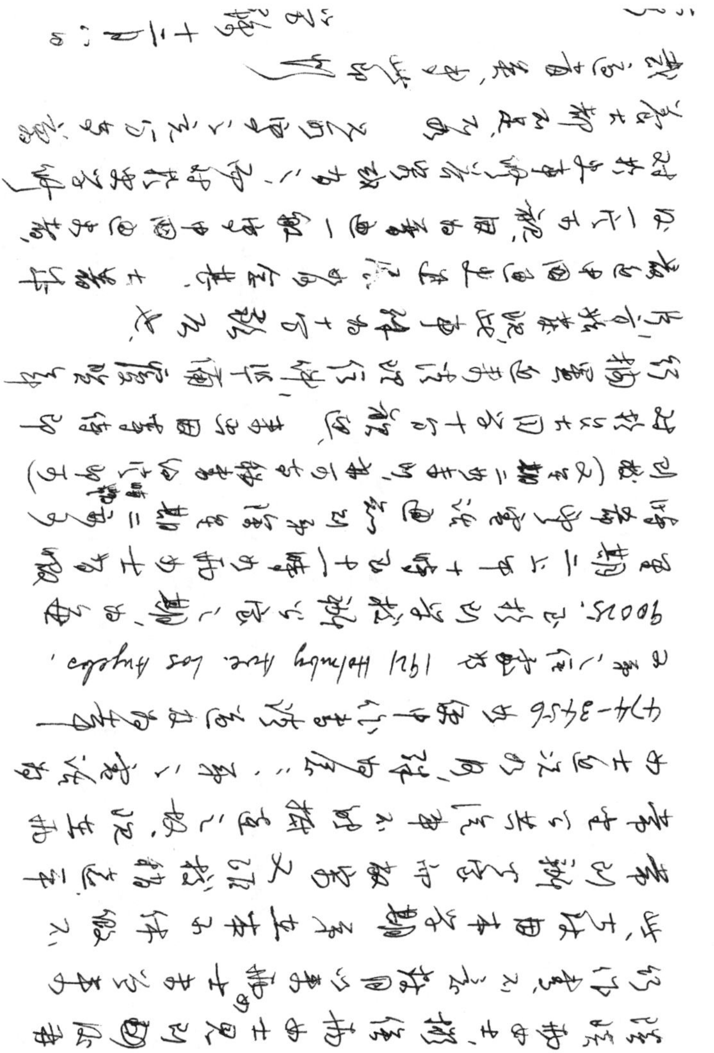

附翰29 楊紹震 翰

私立東海大學
TUNGHAI UNIVERSITY
TAICHUNG, TAIWAN

維運先生大鑒：近於《學人》週刊得拜讀大作〈歷史文章〉一篇，獨到之見，不勝欽佩。台端著述，精闢之論必多，如蒙賜寄一二，慰我飢渴，則幸甚矣。專椷佈悃，祇頌

文安

弟楊紹震謹拜啓 五十、二、五

附翰30　王叔岷 翰

維運賢弟箸席：

香江暌敘，欣慨交集。深承

款待，謝謝！

弟感冒諒已全愈，念念。我偕國瑛返回史

語所已四日，所中故舊，皆已白髮皤皤，陳光

且衰矣，歲月催人，奈何！

返所之初，酬酢甚繁，約半月後生活

安定，恢復寫作、讀書、散步、種園無倦情。

南港院環境清幽，誠隱居學人勝地，惜雨

水苦多耳。草草不盡，遙祝

儷祺

叔岷 一九八一年

六月五日

附翰31 屈萬里 翰

國立臺灣大學

維運吾兄雅鑒：上月十六日
惠函，拜收已匝月。勞人草草，遂稽奉復，尚祈
曲諒。香港學術空氣雖淺，然能見國內不易見之書，
聞國內所不易聞之事，可以通今，可以証古，於治史者亦不
無助益。且酬應既較少，雜事亦稀，正可從容治學也。
聞 大著史學方法論，將於明夏脫稿，欣忭曷似！
即此一端，已可証不虛香江之行矣。弟冗忙如故。一行
作吏，書卷遂廢。望崦嵫之已迫，不禁徒喚奈何耳。
草此奉復，敬言未盡。此頌
儷安。

弟 屈萬里 敬啟 十一月十九日
內人附候

附翰 32　屈萬里 翰

維鈞吾兄著席：

[illegible]

弟 屈萬里敬啟

元月十九日

附翰33 屈萬里 翰

國立臺灣大學

茲訂於二月二日（星期三），下午六時半，假南港新港餐廳，
實踐飲酒之約。是日下午六時左右，在史語所候
駕，以便同往餐廳。無三杯大量之太太，不敢奉
邀，敬請 諒宥。但保證先生酒後，一定回家。附
此聲明。此請

維運吾兄 台詧

屈萬里謹訂

元月二十九日

附翰 34　鄭德坤 翰

維運吾兄賜鑒

日前馬大講學回來 得奉 大著與西方史家論中
國史學一冊拜讀一過深佩用功之勤 宏徵博引立論
整確足成一家之言 加以態度誠懇詞氣謙和與諸
氣浮心粗妄自尊大者實有天淵之別 固因學詣即
有此確實之表現 誠足令人欽佩 引為同行之模範
也 兄年紀方剛 置身學林 天時地利兼而有之
望能繼續努力 將來學術上之成就將更偉大更
輝煌也 勉之勉之 台灣與英美交通不便 此地出版
之籍如有所需 請即賜示 當令書店覓尋寄
奉 勿客氣為荷 耑此順頌

教祺

弟 德坤 拜上 二月十六日

附翰35 于希武 翰⑨

台湾省立工學院用箋

維運吾弟青及前承
惠書并附 大著兩件均已拜讀
惟以內子罹疾並以瑣事相擾致
稽裁覆殊深歉然尚祈
見諒自是幸吾
弟以聰穎之質加以數載之苦讀
潛修而有今日之造詣至堪嘉慰
將來再繼續研究二年當於百尺

地址：臺南市工學路二號

（員工福利社印製）

台湾省立工學院用箋

竿頭更進一步至盼於受訓期中努
力鍛鍊體魄嫻習軍事一年以後
不惟能馬下草檄抑且能馬上殺賊
允文允武堪稱為現代之標準青
年也兄一切如昔乏善可陳惟賤體
粗安差堪告慰耳專此仰覆并頌
時祺

愚兄 于希武 四日

地址：臺南市工學路二號

(員工福利社印製)

附翰36 于希武 翰

維運弟：

月前你來看我，我有說不出的歡慰。像有你這樣成就與聲譽的舊日年輕朋友過我門而不入者，不乏其人，而你竟能不忘已經銀髮的老朽如我，專誠來訪。在世態炎涼的今日，是何等難能可貴！所以聞鈴聲出去開門，一見是你來了，我既驚且喜地說了聲「難得！難得！」不知你曾否聽到？

當天相談的時間雖不算太短，但仍覺得有應說的話而未想起來說，例如：寒假期間你是否由香港回台，如回，你住台北的住址以及電話號碼，這些，話都應當問，而竟忘記了。因此，你以「趙翼傳」而第二次榮獲國家學術獎，我本想致函或以電話申賀，就因為不知住址和電話號碼，而未克如願，深感遺憾！不過，我看見你兩度出現於電視螢光幕上（第一次是領獎，第二次是李副總統召見講話），個人從電視機前鼓掌歡賀，這也使我聊慰於心了！

「史學方法論」、「趙翼傳」，而「清代史學與史家」的「自序」，我都一一讀過了。我對於歷史，不瞞你說，也只是中學生所知道的歷史上一點點史實，若問什麼是史學或史學方法，那就是聞道於盲了。我讀你寫的東西，只是為了瞭解，今番來讀，由於讀你序與參考書目，得知你讀的書真在不少，而且包羅甚廣，你寫的文章，也因此「著作等身」，洛米所容，寔堪欽佩！

最近刊登在「中副」的「大陸學者六十年」與「史學方法的方法論」，我也都讀過了。我總覺得你的文章不是寫出來的，而是湧出來的，下筆如長江大河，滔滔不絕，令人非順流而來，一口氣讀完不可，真好文章也！在「史學、方法的方法論」裡，「值身二十世紀的今天」的「值」，似應為「置」，「認為西方的史學方法獨步環宇」的「環」，似應為「寰」，用敢提供參考。請告知住台北的住址及電話號碼。即此順頌晚安，並祝

健康快樂

幼凡 于希武 敬啟 六月十日

附翰37 劉子健 翰

c/o E. Asian Studies
Princeton University
Princeton, NJ 08544 (USA)
~~tel. message at 609/~~

1989.2.28

道運兄：

惠贈鴻著，甚感厚意。

先生淵博精深，地行罕見，今後擬時刊用，以彰史學。

竊謂中國六經皆史，而西方有聖經史料，皆遠超印度佛法，似顯示東西文化基本相異，不識此意尚可發揮否耶？

廿世紀末史學已面臨危機，深望足下回時挽瀾，培植青年。

Twitchett 有病在英，下月底方返，健亦多小恙，只盼吟詠，順頌

教安

劉子健

以忘居
(右起作諧音讀)

Professor Emeritus
愛莫理他事

附翰 38　梁嘉彬 翰

維運老兄鈞鑒：前承

大示並賜 尊作《劉中論》，因考試及忙近未拜復，為歉！考論

近世治史者多不了史法，引書一事，尤未留心，張三李四但見其

多看些書及東拉西扯便自命為史家，且被人視為史家，為

之嗟嘆！今得讀

尊著，始知台灣有內亦有精於史法者，可佩孰甚！（弟常嚴誡諸兒：歷史只可副修，不可專修，也不必專修，免蹈弟之覆轍，今日張三李四皆當世大史學家，皆非專修史學者，[illegible]更不知史學方法為何者）

又以為史學目的在求真，文學目的在求美，哲學目的在求善，史

學但以求真得實為貴，元史不文，但其史料價值反高，而

先生則更指點治史者兼重文采，亦「言之不文，行之不遠」之意，

此後弟執筆寫作時更多參考矣，謝謝。日前寄上拙著舊稿

先生多從史學方法方面不吝賜教指點，俾弟可免迷而

忘返，幸甚幸甚！專此奉頌

教安

弟 梁嘉彬 謹上 四、二十一

弟頗懶寫信時往往經月不下筆，[illegible]新刊之 [illegible] 計

附翰39　嚴耕望　翰

維運兄：

大著史學方法論已收到，謝謝！從頭翻讀一過，至為欽佩。近五十年來，此類述作不少，但都多為編譯西方學人之成說，不則印證學之士所有撰述，次則依其實際研究經驗以個人一時想到若干問題提出討論而已，殊絕無貫穿中西鎔冶一爐，且有計劃的全盤的加以組織者，有之唯兄此書而已。誠以二十餘年長時期之努力一朝問世，固自不凡也。

弟尤可喜可賀。惟其中有一項尊稱似當改易，即第70頁上海申浦與春申君有關之傳說，以地質學之研究而得證。據弟所知，近代考古，上海近郊之發現新石器時代遺址（如松澤），故上海地區陸地之形成，非唐以來事。不過春申君居吳實在蘇州，非上海。上海有申之名，自屬附會。況申之名於古無徵，亦不知究竟何時始見之耳。餘不一一，即頌

新年並賀歲，有一信賀收到也。

弟　嚴耕望　一九八〇、一、廿七

附翰40　許冠三　翰

香港中文大學
崇基學院
Chung Chi College
The Chinese University of Hong Kong

香港新界沙田
電話：壹壹貳貳壹六一貳壹
SHATIN, NEW TERRITORIES
HONG KONG
TEL. 12-612211
CABLE ADDRESS:
"CHUNGCHICOLKL"

維運先生：

前奉來示，敬悉。先生之議論堪稱簡當精闢。蓋所周知，任何史論均不能包羅萬有，任何作者亦不能無所不愛，但求舉大畧小而已。讀大著"史學方法論"，於所含之難釋者，並非於今科學入史、分析哲學解史之類美國學人之熱門話題，而係關於史學數千年之求真與善惡兼得之難題。揣先生之意，似言之無論舊學應兼而得之者。然讀先生之文，似乎時而重求真，時而嘗為善。或者說，於史料考證求真，於史著撰述上為善。而其間有無衝突以及其他有關之問題，似乎大著甚少涉及。以今日吾人之處境，（言）此等事非只為理論課題，且亦為現實難題，尚祈先生於便中有以教我。

香港中文大學
崇基學院
Chung Chi College
The Chinese University of Hong Kong

香港新界沙田
電話：壹貳一六壹貳貳壹壹
SHATIN, NEW TERRITORIES
HONG KONG
TEL. 12-612211
CABLE ADDRESS:
"CHUNGCHICOLKL"

然大著之優越處實不勝枚舉，僅以文辭一節而論，已非時下同類之作所能望其項背。而此書之最令人心儀者，依愚見所及，當數其會通意旨。自史遷以降，史之大家如劉、鄭、馬、章者，無不尚通，惟古往今來，會通而富創意之作絕未罕見，於今日之中國尤少。而"史學方法論"之有會通、有創意，乃人所共見者；以中國傳統史意與近代德、英史法揉合而有如此成績者，先生殆為當今第一人。於西方史家學說之徵引言，其精當似切處，斷非時賢所能企及。此中奧妙，固非引外修言之士所能體會，此中分寸，更非不通曉英國史學者所能把握，雖毫髮之失，亦可由中窺見。

近日因追尋中國史學之批判源流，乃不時翻查劉知幾、章

香港中文大學
崇基學院
Chung Chi College
The Chinese University of Hong Kong

香港新界沙田
電話：壹六一二六壹壹
SHATIN, NEW TERRITORIES
HONG KONG
TEL. 12-612211
CABLE ADDRESS:
"CHUNGCHICOLKL"

興誠兄鑒，得知　先生通過了定稿，並在字斟新訂之年，而今先生通過文中，多次發表開山之作，莫不成於五十至六十之間。詳世而言，我輩正當於著作之黃金年代，願與　先生共勉之。

附上中大歷史系史學方法課程一九七九年度參考書目一冊，請參閱指正。

耑此　布復　並頌

研安

許冠三　十八九

附翰41　陳之藩　翰

維廉慈美吾兄：

剛收到秩序集及中西文學比較，我都在閱讀，沒以做的感想。因為未看完，所以不便多寫。

一、梁實秋之批評最好玩，梁以不識來源為條件，而翻譯作得不錯都極快，他批評你卻不太有信。你之批評極為大膽。因為你人家來的，無論如何的擁護，總是能免被人看出來，該要之處，也只有因不可避免之有。

我所疑問的，景翔在進退，林人代譯出，他以後怎樣來？怎麼他們都要來做什麼新東西？我很有意這一件事。

比如你以前說，台大校長傅斯年每學，我就問過胡適之先生，我說：

"胡先生，五大臣出洋是派給你們的？"

他們那時叫我們北大的五个領導指導五四運動的人曰"五大臣"出洋。

胡先生說我這一問，哈哈大笑。他又不願當友面講，但又說我問的不妨一說。隨即胡先生說："傅大先生他們之上不願提及此事。依我自己算，大錢是的"英美烟草公司"也！

我不學歷史，無點經學訓練。這究竟是怎麼回事，你們大概一查就查出來了。無論如何，我對你學的歷史研究很必要。你說呢。這樣寫下去，我怕別人要疲勞，但還要寫說一点書面目，這是他反對的內容，但他說沒有另一个，同樣的可以看出學的某某面目來。我去學的文字，另外，或寫一段什麼樣的此公指來今東西方問。他每次都問不像本一類。

二、你說中國史書不會替將來作[illegible]生意的演說詞等類，我要說明一下：項羽所說彼可取而代也，劉季所說大丈夫當如是也，這誰記見聞？司馬遷也可不附會，完全是文以史傳，這是史的文體，實在很難講。這都是文字討論。我說今日史記實在有些地方也是不對，就因這史料，才有此甚好果。大概也為中國人，已經他才難免有偏見。你以後論者些將自己學好。

三、科學侵入史學，主史學者以人為[illegible]於科學的勢力，大受影響，完全降服了科學。其實科學並不是像我們所想的那樣嚴密的樣子。我把心給[illegible]切開，以做物理[illegible]。像那小的科[illegible]，[illegible]的全部[illegible]，把[illegible]多大，他也不懂控制論，他的控制論所用名詞，這是1955年的事。維納第一版控制論的名詞，第二版，第九章十八版，已[illegible]

於穩定之詞了。穩定只是鎮定。何其
之有。第二版的鐵書已取銷之一字。於
制作以及推本求原云這些字詞。

外附刊甚化行內胡沈小說，已如全
說，可小說家千流。以于衛字閱、三國
史演義甚也是自成一格，一氣作為兩
冊。尤以再大演其戲，我覺得
會次像的堆撮，可似可觀。

華北看完了你之大著，再寫信給我以
賜教。敬祝

好

之藩
十二月十日

附翰42　余英時　翰

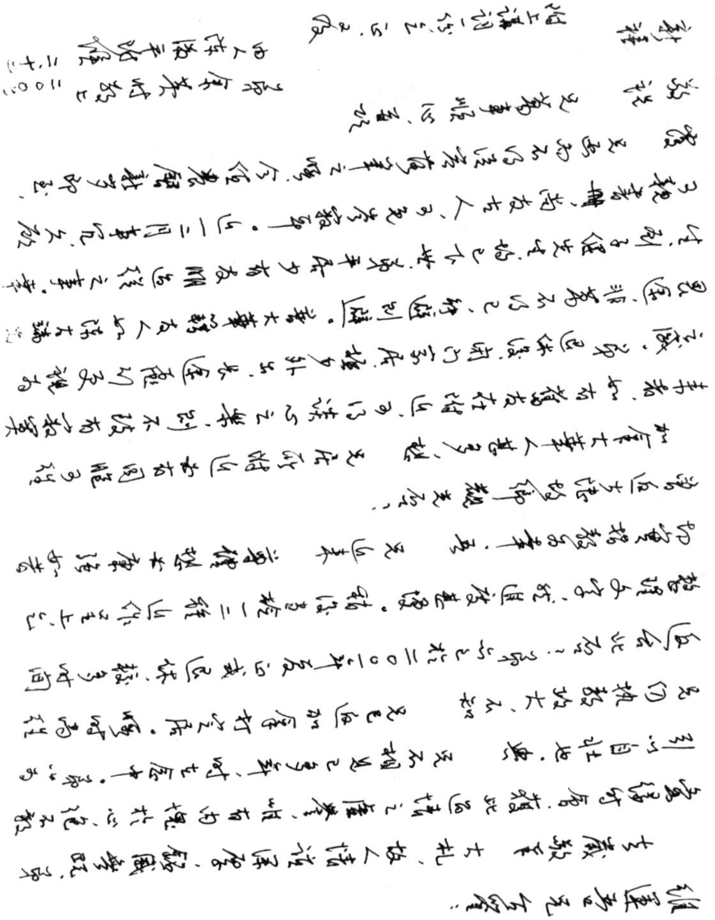

FROM :　　　　FAX NO. :　　　　Jun. 15 2007 10:48AM P1

維運教授及夫人儷鑒：

近日連撥了多次電話，均無人接听，想必外出，故只好以傳真連繫。

日前中信中心展覽会场人員轉来大著兩冊，至謝！我对历史只是一個旅客，僅限閱覽而無所用心，但对像你這樣皓首治史，中西兼修的史学大家，有着無上的崇敬。讀了《變動世界中的史学》中的几篇大作，尤為感佩，所謂"傾畢生精力写成的中国史学史，只是地方史，(local history)不足以躋於"世界史学之林"，此等胸襟，誠為大史学家之言，了不起！記得兄也是1928年生，與我同庚，按中國算法，我倆已屆80，已儼然二叟矣，所幸臨此晚年，我們身体尚健，家庭幸福，且皆有著作問世，差堪告慰于妻兒也。內人與杜夫人已相約于7月3日交談，屆时我們可浮一大白，共慶生日。

匆此敬祝夏安！

弟洛夫 6/15

附翰44　朱仲玉　翰

北京师范大学

史学研究所

維運先生：

謝正光文和大作《我豈好辯哉》都已看到。謝作不僅如大作中指出的，有些"銜怨而寫"的味道，我認為第三篇，看了也是覺得頗為不痛快的。寫書評，最主要的出發點應是與人為善，該稱揚的要稱揚，有不同意見可以心平氣和的指出，以供參考。一涉恩怨，就喪失了學人風度。

拙作書評是匆匆忙忙趕寫出來的，不當的自然也不少，這次大作中提到的，我表示虛心接受。但乾嘉三家中應當如何排，趙翼該居何種地位，我有自己看法。前兩年在常州有過一次學術會議，專門討論趙翼，當時我因抽不出時間，沒有去。那會是以常州史志為首的，因為在趙翼家鄉開會，其評價之高，自然更有超過大作者，但在會下聽說意見也是很多的。拙作刊出後，同時已有二十餘人來我這裡借書閱讀或複製。這次看到的謝文和大作，我將複製數份，分送友人，請他們發表意見。但大作中提到的楊聯

校部地址：北京（80）新街口外大街北太平庄
电　　话：中继线66.8431—468

北京师范大学

史学研究所

陈先生文，我未见全文，因这里很难看到《中国时报》。此外，《联合报》上的钱雪霞女士之文，《新报》上的王明荪先生文，也未见到。《明报》这里能看到，《华侨日报》在全国侨联有，《中华杂志》在北京图书馆有，我都已经查阅了。

撰写一部著作不容易，出版后想要得到公正的评论也甚不容易，这一点我自己也是有深切体会的。希望能不断读到您的新作！

敬祝

撰安！

朱仲玉上

9月11日

又：《史学史研究》能否按期收到？刊期是3、6、9、12月，第三期前些天刚寄出。

校部地址：北京（80）新街口外大街北太平庄
电　　话：中继线66.8431—468

附翰45 張越翰

北京師範大學
BEIJING NORMAL UNIVERSITY
Beijing100875, P. R. China

杜维运先生：您好！

我是北京师范大学史学所张越。去年夏天您来京参加清史编纂体裁体例研讨会后，曾与几位台湾学者来到北师大史学理论与史学史研究中心交流指导，我曾去酒店接您并在中心参加交流，不知您可否还记得？

今冒昧打扰，是有一事希望得到您的帮助。知道您目前居住在加拿大，一时不知您的通信地址，后得到王晴佳教授和刘龙心教授的协助，方如愿致函给您。目前北京大学出版社准备出版一套《大学历史学专业学术论文选读》，分中国古代史、中国近现代史、世界史、考古学、史学史诸卷，其中史学史由我来负责编选。素仰您在史学史研究领域的出色成就及深厚造诣，特别希望能够选入您的大作到此书中，使其增加学术质量并为之增色。现在想就如下诸项征求您的意见，请您赐教：

1. 希望得到您的应允，同意将您的大作收入本书，如

地址：中国·北京·新街口外大街19号 邮政编码：100875

北京師範大學
BEIJING NORMAL UNIVERSITY
Beijing100875, P. R. China

果您能够同意，那么，

2、请您指点给我一至二篇您认为最有心得亦即最具学术价值的论文。多年来，我不断拜读您的《清代史学与史家》、《与西方史家论中国史学》等著作，但由于大陆方面并不能很快得到海外学者的学术成果信息，因此对您的许多文章并未全面了解，所以请您本人推荐您自己的论文，可能更加妥当。我们的这套书在体例上要求一位学者只收一篇论文，请您推荐两篇，其实是方便我有一个选择余地。我其实更希望您推荐一篇您在中西史学比较方面的研究论文，因为比较史学研究是公认十分困难的研究领域，真正做出成就的学者人数极少，论文也不多，而您是海内外学者公认在此研究领域做出重要成就的大家，因此就我个人而言，也就该书的内容而言，都希望有该方面的研究论文入选。

3、本书宗旨在于学术性、规范性，目的是为在读大学生、研究生提供撰写研究论文的范例，因此在入选论

地址：中国·北京·新街口外大街19号　邮政编码：100875

北京師範大學
BEIJING NORMAL UNIVERSITY　　Beijing100875, P. R. China

文的内容上应有一定的代表性，在字数上也以不超过两万字为宜（不绝对），所以也请您对这些内容有所考虑，让您费心了。

4. 如果可能的话，可否麻烦您将您的论文复印后寄给我？我耽心我不一定能够找到论文发表出处，这样做可能会给我提供方便，当然，会给您增添一些麻烦。

我阅读了当年您主持编纂的那本史学史论集，深受教益，不知您可否对本书的编纂提出一些建议？此外，早知您撰著的《中国史学史》已陆续出版，但大陆尚难见到，不知何时能够在大陆出版，以为我等后学拜读与学习？

再次请您原谅我的冒昧打扰，也再次谢谢您并向您致意。

我的通信地址：北京师范大学史学研究所　邮编100875
电邮：　zhshida@sohu.com.
电话：　62207488

祝您
健康！

地址：中国·北京·新街口外大街19号　　邮政编码：100875

附翰46　羅仲輝 翰

先生大鑑：

　承蒙先生不棄，惠賜大作《史學方法論》，並附手札，已於七月底收悉。同行輩爭相傳讀，無不以先睹為快，皆羨學生有幸，得先生垂青，愛比至寶，即學生本人亦頗感榮幸矣。

　史撰史評，我國已有數千年之歷史及輝煌成就，自唐劉知幾《史通》問世，治史方法即開始系統化與理論化。前人關於治史方法的研究其論述雖為數不少，然據學生愚見，綜合中西之精華，為治史方法的研究開闢新徑，先生用力最著、功勞最大。

　學生孤陋寡聞。研習大作，受益良多。今後凡有求教處，幸勿以學生魯鈍見棄為盼。銘感之情，書難盡意。

　專此恭祝

著安

學生　羅仲輝再拜

一九八二年十一月十一日

中國社會科學院歷史研究所稿紙　(20×20=400)

附翰47　劉紹唐　翰

維運先生道席：頃在香港「明報月刊」拜讀大作「傳記的特質和撰寫方法」，甚佩 先生對傳記寫作之深刻體察與卓見。「傳記文學」為綜合刊物，另未能每期維持一偏探討性文字，以擴大傳記文學之影響，只是費盡耗之心力，未滿兩年即難乎為繼，殊感慚愧。文字因文為名家執筆，備為一書，總名為「什麼是傳記文學」，不悉 兄意以為可否？（另由郵奉贈一冊請參閱）

本刊十一月號擬轉載 兄大作，不但希望能獲 兄同意，另請 兄能為本刊轉載事寫一前言或後記，以免有抄襲盜刊之嫌。目錄「什麼是傳記文學」一冊再版悚，更希望 兄能同意擇大作編錄在內。

日前蒙邀錦，盛宴，並有名酒，口齒留香。弟因事明日赴港，一週左右即返，下月初當再謀小聚也。

新印件均 兄閱後寄回前言一併錄寄本社程君（電話 3410213 3214983）係（台大歷史系畢業，印尼僑生，可能上過 兄的課）吧，彼自命為善於編輯。為弟節時間，大作第一份已先交印廠檢排，俟收到 兄件後，程君即可編排付印，毋須候弟返來也。匆頌

時祺

弟 劉紹唐 拜上

七十三年十月廿三日夜

傳記文學社稿紙

附翰48　劉振強　翰

三民書局股份有限公司用箋

地址：台北市重慶南路一段六十一號　電話：三六一一三三二二　三六一一三三五五　三三一八四八四　三三一五九六九

第　字第　號　共　頁第　頁

維運吾兄大鑒：

此次　兄來台得有機緣聚談十分高興，大作所

西方史學家論中國史學很受讀者歡迎，此均

兄在學術上成就也。承示明年另一大作可以交下

付印，甚為高興。

兄已遷新居了，下次赴港定當前來拜候也。

專此即頌

近安

弟　振強　上

十月七日

中華民國　年　月　日

外埠讀者函購請用郵局劃撥儲金戶九九九八號

附翰49 劉振強 翰

三民書局股份有限公司用箋

地址：台北市重慶南路一段六十一號
台北郵政信箱三九～二二三號

電話：三一四四一九四
三六一三三二二
三六一三三五五
三三一八四八四
三三一五九六九

字第　號第　頁共　頁

維運吾兄：

三日惠書和大作清代史學與史家一稿均已收到承兄化費多年心血為三民書出一本好書非弟之文字可表達萬一兄今夏可回台大屆時好友們又可聚集一堂暢飲一番了弟近忙年度結算公司始得回信遲此敬祝

近安

嫂夫人請代候

弟振強上

元月八日

中華民國　年　月　日

附翰50　易君博　翰

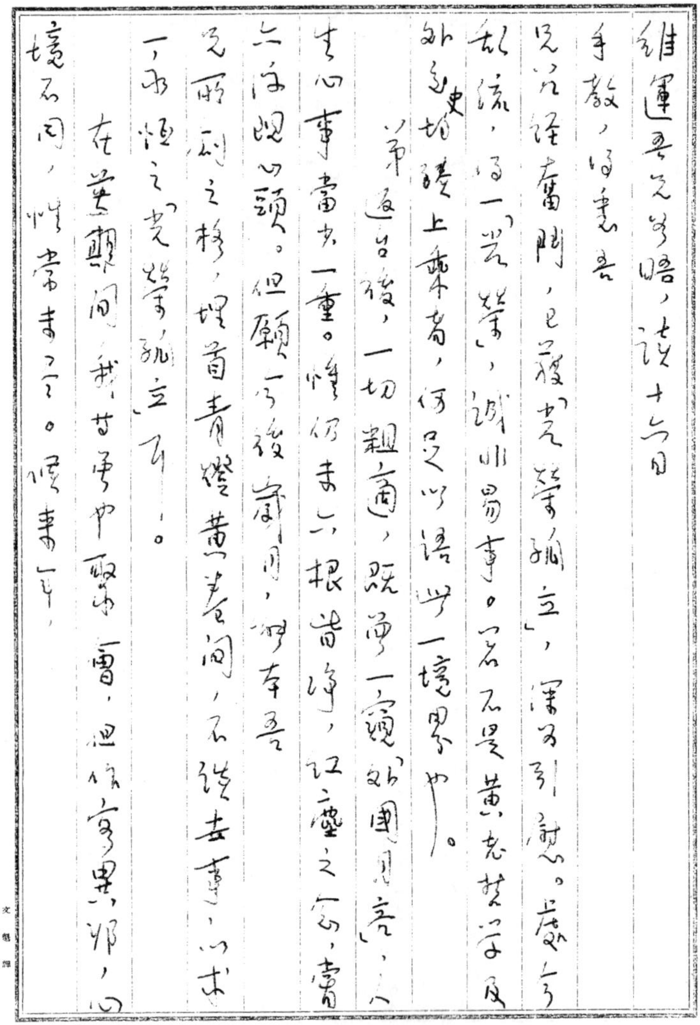

維運吾兄如晤：今晨接十六日

手教，得悉吾

兄治經奮鬥，已獲「光榮孤立」，深以引慰。處今

亂流，得一「光榮」，誠非易事。弟不是黃老哲學及

外道史學上乘者，何足以語此一境界也。

弟返台後，一切粗適，既無一窺「明月」意，只

求心事當少一重。惟仍未六根皆淨，紅塵之念，當

亦保留少許。但願今後歲月，得本吾

兄所說之楷，埋首青燈黃卷間，不談世事，以求

一點如之「光榮孤立」耳。

在英期間，我甚多承照拂，但仍有異邦，心

境不同，性常未定。隔來年，

文魁牌

兄等大駕返台後，當可常假坊間小樓酒，再溫昔

輩之窮樂趣。

台北近來雨季，而雨卻少。時正大好陽光，溫

暖異常，常漫步楷南山之間，俯覽山底現

世象，似有神仙之妙境。吾

兄既已有寧居之樂，寄些雅詩，想不令兒以為

耶！前承詳閱之寄語，並又收到有所寄賀卡，

謝也！請些，並候

年禧！兄則

適伯、余英時諸先生及其他諸友均

代致候為盼。

弟 君博 上

十二月廿

此間台大、政大等青年學人，亦有思興之一種，擬邀

[illegible]

了。

附翰51 黃振華 翰

國立臺灣大學

維運吾兄惠鑒：久疏函候，想
近況佳好為祝。月前於聯滄兄處，獲讀 大作「民國以來的學
風」，思想深刻，立論公平謹嚴，褒貶恰當，而憂時愛國之情躍
然紙上，弟深為敬佩，吾 兄誠為當代之思想家。弟決將 大作
影印分發學生作課外必讀參考文獻。再者，弟並擬推薦 大作
至此間出版之「龍旗」雜誌刊載，此雜誌發行範圍廣及海外，期望
大作之影響亦能廣及海外，不悉吾 兄以為然否？此雜誌負責人
勞政武先生近將赴新加坡，經港時或將前來訪 候，為刊載
大作事徵求 兄之同意，盼 惠予接見至禱。近亦曾草撰批
判共產主義小文一篇，正設法發表中，如能刊載，當奉贈一份
請 兄惠予指正也。
餘未盡意，專此並候
教安

弟黃振華拜上 十月廿二日

附翰52　羅聯添　翰

國立臺灣大學中國文學系用箋

維運吾兄：惠書及大著並收到，至謝。不辭麻煩，代辦瑣事，尤銘感無已。大作細讀一過，實獲我心。幾十年來之混亂，民初智識份子實難辭其咎，此意弟常在課堂上表達，惟言之不及兄之詳實與確鑿。大作適可補充弟之說之不足。擬影印分發學生參考。無數學子皆因大著之啟導而獲益也。學界人士大多以見大作之[illegible]略，未得窺其全豹。為

臺北市羅斯福路四段一號
電話：三五一〇二三一轉二二八四

國立臺灣大學中國文學系用箋

廣泛流傳，請惠予同意交付書目季刊發表（十二月出版）。文末註明：「本篇為作者在中華民國建國史討論會宣讀之論文。」主辦機構應不致於有異議也。聯合月會將臨，懷園舊好，當代為致意。餘不盡宣，

尚此奉頌

教祺

[illegible]

七十年十月四日

臺北市羅斯福路四段一號
電話：三五一〇二三一轉二二八四

附翰53　羅聯添 翰

維運吾兄左右：久未聚晤，時念賢勞。昨接手教，大著亦拜收，喜甚。大著中國通史拜讀之餘，至佩史識超邁時流，行文不支不蔓，平實流暢。含英咀華，把握要點，數千年大局收諸筆端，非老練通達，何克臻此。最後一章書中共之罪，著二蔣之功，尤值勇氣足以媲美齊太史。惟李氏亂政，違法亂紀，當今執政者倒行逆施，着墨甚少，有待將來補充。來書尊意如何，茲此奉復，即頌

著祺　并問候

嫂夫人

聯添上　十月五日

附翰54 章群翰

煥之用箋

老杜：

賀卡拜納，謝謝。知道大作中國史學史第一冊已出版，可喜可賀。此間三聯另有大作憂患與史學出售。附寄三民史學史第二冊將寄至府上。所說請教二字，實不敢當。弟近年對筆記小說與唐代史書，曾稍下功夫。拙作〈通鑑考異引用筆記小說述論稿〉（東吳文史學報第八期，民國七十九年）謂考異討論引用筆記小說逾六十種，拙作〈新唐書引用筆記小說之初步研究〉（漢學研究十卷一期，民國八十一年六月）謂《冊府元龜》多據實錄，實則宋祁亦有採用筆記小說者，因武宗以下實錄，出自宋人宋敏求，長慶以後，實為晚唐宋氏採摭，不免雜及筆記小說也。至於新唐書用筆記小說，弟另撰將收集一百餘條（新書用筆記小說，增益之史情節）尚未出版。前在史學史論文之專章，討論筆記小說與史學之關係。

此外對史詩似無可寫之一目，有此一目，內容主情新可喜，當為從前之藩籬也，不知尊意如何

渙之用箋

今定於本月廿七日返港避寒，最遲至四月初偕小女夫婦來此報到。賢伉儷如來港遊玩可與下址聯絡。

Mr. Kwok Chow Nam
&
Ms. Chang Yan
Flat D, 17/F., Block 17,
Provident Centre, North Point, Hong Kong.
香港北角和富中心17座17樓D

郭宙楠
章茵

電話 (852) 5635027

甚望與兄把杯深談。不一

順頌

新禧

弟 章群拜首

1994.12.23.

劉知幾云：不妨詳人所略，略人所詳

附翰55 張伯淵 翰

UNIVERSITY OF CALIFORNIA, BERKELEY

BERKELEY · DAVIS · IRVINE · LOS ANGELES · RIVERSIDE · SAN DIEGO · SAN FRANCISCO SANTA BARBARA · SANTA CRUZ

THE GENERAL LIBRARY BERKELEY, CALIFORNIA 94720

維寧兄如晤：拜讀「聽濤集」，甚是星家福及后

它回顧感作，學有不已，感謝莫銘。另於收

到大作後，曾函告台北弘文館為贈方斯訂正

册。現已收到，弟之即編目，以字讀者。兄之印

鐔，另現當心擬為已有，弟將隨時翻閱，滋取

甘泉。現在集衍已讀竟，深覺內容豐富，美

不勝收，第九論述，評介其見學養功力；送

境至篇，尤覺親切，並師輩均在我讀，慧眼獨

具，精者更不能於藝已乞懷於為弟境植之至意。

長寺事業三十年，早已傳衛，所許勞靜溜念。

書讀此文，倍覺深同我心，代吐出積存懷的心聲，

開頭第一句話最翻要味，深得吾兄心理年齡

何遇過於「窮忙」之年而慶賀。撰去人從家有自，便
先誠懇地也看家居生活，亦都指教方与其作之
最大效果。近世友人中能享有此种幸福，而懷有
感謝之心情者，定絕無僅有。去歲歷期十年完成
之「中國史學史」，自以捷前付梓為時，今後再沒見
讀者們的思想生最大的貢獻。
東亞圖書館之中文部收藏，要以文史哲的著作
為主。弟就任此間已十有餘年。平日工作，即為選擇有
關研究中國問題之學術著作，以充此間教學之需。
而此地上者所藏於教師之編目之著作目錄已介紹
參閱，如有遺漏的，亦即於會期之中補謀，臨書神馳
教安
弟錢
撰去人及附上去小姊妹處
張伯淵 拜上 六.五.五.

附翰56　張朋園　翰

維運兄：謝謝您賜寄大著「與西方史家論中國史學」。這是一個弟久想得讀的題目，想不到今天竟然出現在自己的眼前，而且是敬仰已久的老朋友寫的，真是喜出望外。弟本來想立刻讀之，以便用寫信向老兄報告心得，不巧這幾天因為回國不久，許多雜事紛擾，無法靜心拜讀，心得也就無從寫起。現在弟僅讀了四章，老兄對中西史學之淵博已可窺見大概，加上文筆有如行雲流水，讀來佩服十分。老兄此著可用為大學教科書，學子們先讀之必然藉重台端。

西方史家之不了解中國史學，朋弟在外遊學兩年，已二看出其中之謬論百出，早需要加以駁斥，今喜見大著向世，想可由中西糾正彼此之謬誤。不知是否有計劃將之譯為英文，亦以為洋人讀漢文困難，吾兄所著譯為英文影響必可更廣。

談西方人對中國學史之無知，亦想到今日我人治史方法與態度之諸種問題。吾兄大著第四章中指出西人治史「重分析、重解釋、重綜合」。又說「中國史家不容諱言的缺乏西方史家那一套分析、解釋和綜合的藝術」。真是一針見血之論，道出了我們的大毛病。此一大毛病必須早日加以補救。現代治史方法和西方互異甚顯，不知志先有無計劃寫一本論評 Historiography 的書，包括史學史、史學方法等，向讀者推薦。我想有這樣一本書，國人得益更多。換而言之，志先現在問世的大著是純西人之學的，但還望老兄兩篇一本方法史觀整個的大書，那是救我們自己的要緊的，我想老兄必然同意我的看法。想必兄早已有了計劃，那就靜待來日拜讀了。

專此　即請

撰安

弟　朋園　上

九月十三日

一九六六年

請代候

嫂夫人　不另

附翰57　梅漢仰　翰

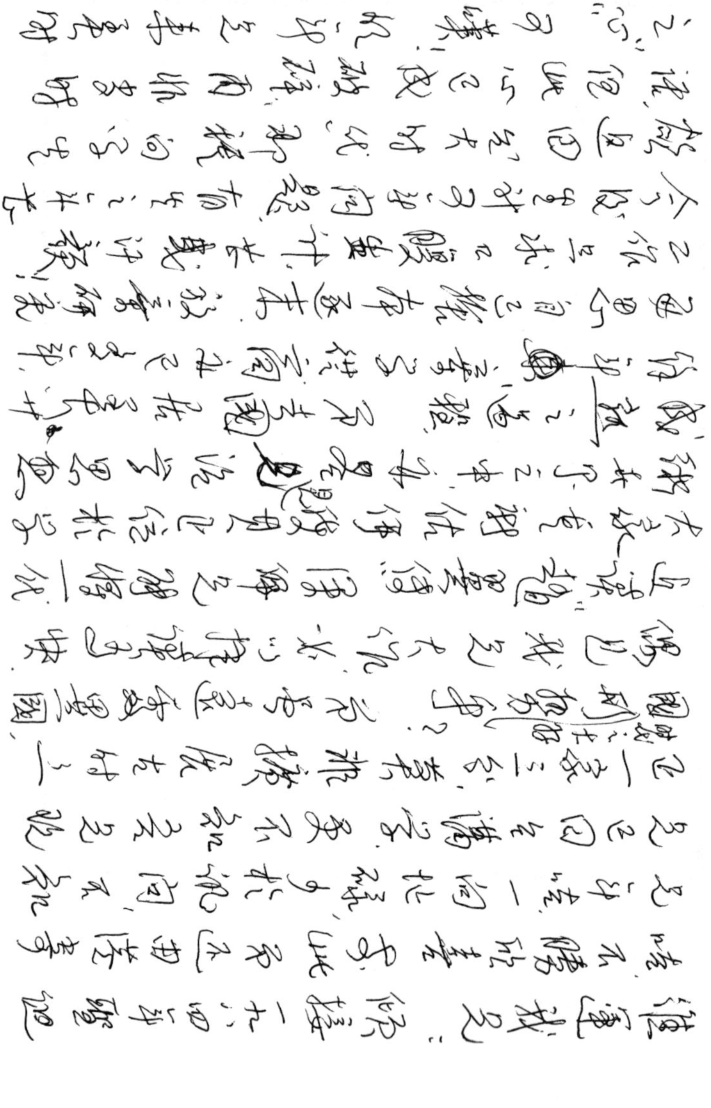

際此年関歲晚，遠懷故人，
憶昔每每在台大門前小食館
食燒鴨米粉飯菓子同共樂
實是無窮也。此祝
新年快樂
　　　　　　弟漢仰上

附翰58　顧立三翰

國立政治大學用箋

維運吾兄大鑒：久未把晤，年間辱承寄
贈大著，初因雜務未能拜讀，今已趕讀
一過，實深欽佩，非精於中西史學，不能
臻此，持論之平允，文字之流暢，尤將我
國史學所長之處，促請西方學人注意，
非有心者豈能及此，當再細加研讀，求
得更多了解，先特申此致謝。
前數年有建議大學應置中國通史者，中

（專供公務使用）56. 1. 400本

校址：台北縣木柵鄉興隆村　電話：(九三)三〇九一

國立政治大學用箋

即精簡，更於大學通史如何教育其重點問題。其次覺得國內之歷史學者在史學方法訓練上似嫌太少，造成大學歷史不知目的何在，講者取材，亦無中心，之乘者瑣屑雜陳，不能配合大學研究之需要。誠然發生議論者似為研究學問之門外漢，不知歷史在學術上之重要，但歷史學界本身未能將自己之學問健全，令人有隙

（專供公務使用）56. 1. 400本

校址：台北縣木柵鄉興隆村　電話：(三九)三〇九一

國立政治大學用箋

可趁，實亦不能辭其咎，再覓得今後國
史研究新方向應向基層民眾社會現
象前進，使國史成一全民之歷史，不知我
兄以為如何？專此敬頌
教安
中
顧立三敬啟 三、二、

（專供公務使用）56. 1. 400本

校址：台北縣木柵鄉興隆村　電話：（三九）三○九一

附翰59　閻沁恆・林瑞炳 翰

國立政治大學用箋

維運兄嫂：久候佳音，學術獎終於揭曉，瑞炳及弟
謹以興奮與欽佩之心情馳賀吾兄榮獲教育部文
科學術獎，並盼望即刻籌備動身回台領獎並接受
各方好友的熱情款待。

名利本非求知者應有之事，惟學術上成就的肯定
却係具有意義。吾兄三十年來鑽研不輟，孳孳於學史
研究的領悟與發皇，足跡所到之處，所識之人，無不感
染濃郁的史學氣息，提昇了史學的境界。吾等以之

（專供公務使用）67. 5. 1,000本

校址：台北市木柵區指南路　電話：（九三一）三〇九一

國立政治大學用箋

存葉：函以之存儆。

學術報國為吾等之大志，吾兄之成就，實為一大貢獻。

如易公佐侍郎，弟之在學校當力差，苦勞則容有之，

然成敗相抵，僅在盡心而為，實非為學者長久之寄

情之所。弟誠渴望早日恢復純讀書之生活。

大嫂前次返台，龍莊寒舍，並以名釀饋贈飲士，感

意深感。因時間甚短，未及聊表敬意，殊覺愧歉。

耑此敬頌

新春納福

弟 [illegible] 瑞楠 同上

十二月十八日

（專供公務使用）67. 5. 1,000本

校址：台北市木柵區指南路　電話：（九三一）三〇九一

附翰60　張存武 翰

雄運兄：

二十三日上午完成評鑑行，府中之賓均有人接。俺們就走矣。在機場，多留[illegible]半小時。香港之好客，於此可見。

此行純粹玩。港大未踏入，中大圖書館未涉足。所至者友好之府第，如杜府。美酒佳餚，閒情漫談，暢心胸，快志氣。當此時也，豈尚知身在人間哉。

歸來後，山東文獻十二卷四期文稿待選編，案頭堆滿。煩、煩、煩、煩。惟內政部准我籌組「中華民國海外華人研究學會」之公文至，稍慰我心。三個月組成此会，以我能負責領導，則三年內當有所成。謂枯兄有我打氣。

我輩年屆六十，除自己創办新業外，對已有成絕無惡貪之心矣。何則？祇不負領導之責，身為長者前輩，負責小伙子處之尊重之。以身任其勞，事事躬親，看人眼色，以有差錯，群起而攻。如枯兄者，領袖學術，寡慾清高，著書論道，甚酒談心，美矣，高矣。今當常登門而訪，談書餘生。敬頌

撰安 嫂夫人好

張存武
民76年11月26日

中央研究院近代史研究所

附翰 61　袁定宣 翰

維運兄：

日前在休士頓台大同学会中，见到黄培兄。他带来吾兄大作中國史學史第三冊，说是赠给我的。至为感谢。自念是多年「逃兵」，是否能体会此书的精華？？不过我雖已脱離文史研究，但个人兴趣仍在。近年來時间較充裕，有机会时就读一点。十多年前在书店看到趙翼的廿二史劄记，记得以前几位老師时常在课上引用，就买下来，不时看看。五六年前退休後從「今中國来的同學處以71元买了一部平装本的「明史」，大致看了其中部份。又因在台大时未曾读过唐史（好像系内没有开过这门課），在加州时才见到「新唐史」，但当时未买。现知舊金山東風书店有平装本，也不贵，计劃今年买来一读。由於这些兴趣，而到大作後就先看了书中有关这三书的部份。閱读以後，深觉内容博大深厚，旁徵博引参考極為廣泛。而觀察之明敏，意见中肯卓越，书中列入当代名家（如胡適、余英时等）作品層次。而我此书可為傳世之作。沈剛伯先生說過，文學家可以年青而有成就，史學家則必待至老之年。吾兄於五十年後終於達到此層次，實為可賀。而我們今班同學中有人達到此境界，我很感到光榮，榮幸。

本人覺到此書之價值是：

一、從近代史學眼光而發，但肯定傳統學術的價值，並以現代中外史學家的理論給予新價值。

二、現代讀者，不論是專科學生或是業餘，都和百年以前的唸書人，乃至七八十年前五四以後的讀者，都大有不同。現在讀者沒有那時的人的國學基礎（那時代以少數人為憑個人才華，而沒有現代教育方法以培養多數人），故此書要由淺入深。此書完全可以輔導大學生進入專科研究。我晚年再讀國史，感到此書給我引路，或可以有限時間，了解國史概況。

（三）此书除史学以外，也兼及其他国学。清代学术史一章涉及全面学术之特色与成就。

（四）对史家多方面之观察。从了人诗词，生活记载，如赵翼对海月的观察来看他们的方法、态度。这自然是近代科学方法，不是过去「文以载道」时期能有的了。现代词家叶嘉莹分析宋词作者的思想因而能解释艰涩词义，增进词意的了解，也是用了这种方法。

拉杂写来，外行人的肤浅之处，还请多多指教。我初读赵翼书的观察，如「两汉有庸主而无暴君」，（皇室）「婚娶不论行辈」，「皇子系母姓」，「汉公主不讳私夫」等章，前後相连，似有言外之音。我一向感觉历代皇子教育有问题，是说教条性的，不是性格能力的培养。汉代儒家礼教尚未僵化，也许因此较近人性。他似已觉这些方面观察。明史中华书局序文中只稍稍提到用了万斯同的资料，加以「修订」。大体叙述万斯同对明史的貢獻，及修史諸人對他的推重，因此能裁定史實之去取。恐怕是貢獻最大的一人。我的興趣在「新唐書」，部分由於對歐陽修文辭的愛好。看了「事增於前」「文省於後」兩章，才知新書詔令之棄置，一大損失。（西漢，光武都以詔令出色。以唐太宗文采，詔令必可觀）似乎歐宋二公，「才」與「學」俱佳，而「識」稍弱，不知詔令為「文」，但亦為「事」也。

縱之大作以後幫我看書，也大有輔導。故而初閱後，有如獲至寶的感覺。將「購」一二兩冊，蒙贈此書，在此再致謝。尚請不吝指示。此祝

大安

弟 袁定宣上 五、二

大嫂前請代請安。

附翰 62　黃　培 翰

維運兄：

謝謝寄下大作：中國史學史第三冊，收到已近二個星期了。因剛從新澤西州回家，所以未能及早致謝，請原諒。大著內容豐富，運用史料很多，論斷精確，當可傳世，尤其由閻沁恒兄作序，就好錦上添花。兄專因撰寫之著作，被邀往大陸各校講演，聲望之隆可見一斑。

我覺得明代學者性喜流言、輕信，不去考證，即收入筆記及文集之中，故難以運用。尤其"山人"之流，到處造謠、生事，再加王陽明之流派，致滿街都是聖人，因此學術空疏，不能影响史學之發展，未知兄意如何？

拜讀大作後，得益不少，但無從表示什么意見。現在街頭巷尾，大學林立，到處都是學者，自視甚高，我們已經年老，該靠邊站了。

你這次送我的第三冊史學史，跟去年所贈重複了，如你同意，我想送一本給黃弘表侄寅，他們喜讀歷史。

曾連打數次電話，都無人回應，想來您下"候鳥"去雲遊了，所以寫此一信。新年過得好否？

敬祝

研安！嫂夫人前祈代候

弟黃培上
2/13/06

附翰63 張春樹 翰

維運我兄：

十二月 大函并新著《中國史學史》（第一冊）俱已拜收，至謝至謝。弟擬近月中有空時寫一書評介紹大著，屆時當再奉陳也。今見我兄在台主持文化出版事業，籌劃出版一套文史新書，以對當前文史諸名家之新貢獻作有系統之評析，似可對當前國

2-

內學術之發展有極大之貢獻也。

弟研究中一切粗安，今年休假，但仍

有許多雜事。為此奉謝，即頌

春安

弟 春樹 拜上

一九九四、二月於安城

雪倫附筆道候

Chun-shu Chang
Shelley Hsueh-lun Chang
3236 Bluett Drive
Ann Arbor, MI 48105

附翰64 張春樹 翰

The University of Michigan
DEPARTMENT OF HISTORY
1029 TISCH HALL
ANN ARBOR, MICHIGAN 48109-1003
TEL: (313) 764-6305
FAX: (313) 647-4881

維運吾兄左右：

年前石飛來此，示知我兄仍在政大，及、忽拜讀大著『中國史學史』第二冊，欣喜無已。甚盼近年思念。弟年前為美國與英國兩部史學百科全書寫五篇長文，均引及吾兄『中國史學史』之第一冊，甚憾此冊遲未見及，不及推介矣。弟於近日想起，時出思念老友，盼能有之再聚，重話舊日一切。尚謝，并頌儷安

弟春樹 拜
九八.三.八日

附翰65　蕭啟慶・王國瓔 翰

維運學長：

昨日收到惠寄的大著：史學方法論。謝謝。粗覽一過，至為佩服。此書不僅文辭典雅，而且融洽中外名說，并出以己見，可說是中國史學界空前之著。序中引從吾師勉兄之當仁不讓之言，可見姚師識人之深。環顧中國人世界中，寫這類縱論史學之巨著，捨兄不作第二人想。今後當細讀，定能獲益無窮也。

近接香港友人訊，吾兄近有榮昇之慶，本擬馳函祝賀。但又想及吾兄之學問文章，早已超越在這些頭銜名利鎖之上，說祝賀反見俗氣也。不過亦可見英才之人，到處皆會出頭也。

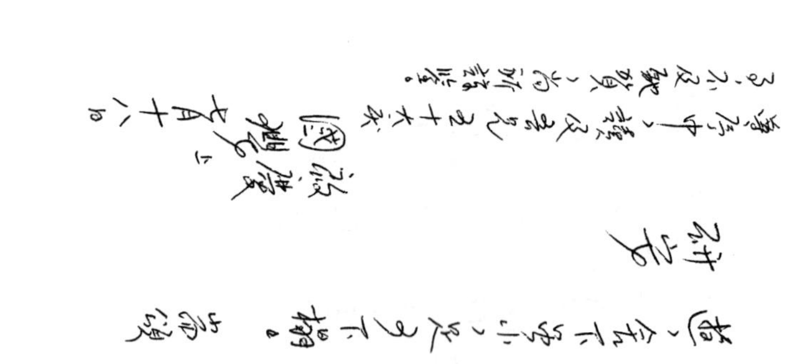

附翰 66　毛漢光 翰

杜仁：　大著「近代西方史家論中國史學」一書，承蒙寄贈，
以一天時間，自始至尾拜讀一過，大著收羅了古今
中外著名史學家對歷史學的精湛的看法。一如研
究歷史者，大著敘述清晰，觀察精闢，讀後深受啓發，
可謂中外史學研究的寶庫。中國史學家們是有許多
精妙的，如大著中提及我國歷史書籍浩繁之巨，以及記
載歷史者於治學方法的嚴謹態度。但近代西洋史學的
實在彌補歷史所固有的缺點甚多，使我們在研究上，以資中國
我國史學研究之不足，西方學者對我國古典歷史中許多久已失傳的
記載，也是如此。因此對於那些片面的說法，應當
以冷靜態度來研究中國歷史的西洋學者，我們應當歡
迎，因為這些人是以純客觀的態度去探討。對於那
些歪曲事實以遂其主觀目的而又武斷地歪曲中國歷史
的西洋學者，我們有責任與他們討論中國史學，因
為在相互討論中我們可以糾正那些錯誤的論點。
那些歪曲的說法有如大作所說。對於那些不清楚中國歷
史而又大談歷史的西洋學者們，我們不妨與他們
作廣泛討論，因為與他們溝通之中我們自我主義，那些
千言萬語抵不過一個字，如果他們有一點良知，
那麼當他看了中國歷史以後，他會自己說我們

中央研究院物理研究所

[illegible]釋以之間的互動，應有值得參考之處，自我[illegible]。正如 Herbert Butterfield 說。

這是一部綜合中西史學的大著，應該作為大學課「史學」或「史學方法」等課程的重要參考書。最好有英文版問世。弟拜讀之後，深感獲益匪淺。謹此申謝，敬祝

[illegible]

弟 [illegible]

[illegible]

附翰67　汪榮祖 翰

繼運學長史席：承
遠道寄贈大著趙翼傳並附賀年卡，感
銘何似。兄以校訂廿二史劄記之功，乃甌北
作長傳，自游刃有餘，不僅內容宏富，且
文字簡明可誦，應是名山之業。弟管見所及，
略感述多論少，末章及若干附錄專著
似可融入正文，然此乃見仁見智，固無足輕
重也。拙撰史家陳寅恪傳新寫本即將由聯經

庸椽樓用箋

出版書到後當即寄呈一冊求教 即請

撰安

夫人前不另

善儀附問好

榮祖拜 元月九日

繼運學長大著趙翼傳讀後口占致意

十年心血寄前塵 青史餘暉未驟陳 若起

詩魂開此篇 欣然隔世又逢春

民國第二甲子新春 小弟汪榮祖撰貽

庸椽樓用箋

附翰 68

汪榮祖 翰

COLLEGE OF ARTS AND SCIENCES
VIRGINIA POLYTECHNIC INSTITUTE AND STATE UNIVERSITY
Blacksburg, Virginia 24061

DEPARTMENT OF HISTORY (703) 552-6526

維運學長：月初手書已奉讀，甚感。弟撰梁啟超新史學試論一文時，康小姐論文題目已見到，以不能讀原文為憾，今兄刊佈後賜贈一份，深感激不盡也。承示比較歷史學八講，弟尤喜最後三講，內容必更精彩，如引書之方法，西人喜用 Paraphrase，而國人喜直接引錄，亦甚有趣。弟於前幾年讀吉朋之羅馬衰亡史，甚感與司馬溫公之通鑑頗有相似之點，如人文之精神、訓誡之意味、政治史之偏重以及古典之風格，多有默契之點，未知兄亦有同感否？吾國迄今未有史學史專攻期刊（在美以弟之見，唯 History and Theory 為佳，在台此能見到否）。若國科會可輔助，兄願主編，弟願盡最大之力以隨驥尾也。書評報章讀得來亦請示知（近見中央日報廣告有書評書目一期刊問世，未知內容如何耳）。台大歷史系情形為何？新主任

COLLEGE OF ARTS AND SCIENCES
VIRGINIA POLYTECHNIC INSTITUTE AND STATE UNIVERSITY
Blacksburg, Virginia 24061

DEPARTMENT OF HISTORY (703) 552-6526

有無新計劃作客續佈

即請

教安

並候

闔府康樂

弟 葉祖

敬上

九月廿五日

現在台北可買到之廿五史以何種版本最佳
價格大約幾何可否直接函購便中盼賜告
台大歷史系如欲向美買書弟亦可代為探詢
聯絡

弟又及

弟住宅地址如左
109 Huntington Lane
Oak Manor
Blacksburg, Va 24060

杜老師

去年年底我寄出一份香港中文大学歷史系教职的申请書；在其中照會人（references）一欄，我列舉了您。当時從段昌國那裡知道消息，忽忽之間拿了表格，填了寄出；只好事後才向您報告，请您在中文大学需要的时候，提供有関我的資料。

東海平靜的生活，我们頗為喜愛；另一方面，我们想，若有機会，也多住些其它地方。

寄上去年五月出版的譯文"歷史知识的理論"；這本書是比班漢姆（Bernheim）的史学方法論早的一本史学理論反省的書。在史学史上的地位也要比班漢姆的書為高；一方面因為他（作者Droysen）是黑格爾史学方面的嫡傳，另一方面因為它是代表歷史主義的史学理論作品。斷斷續續花了四年的時間譯出它，獻給您，感谢您对我的開導及関怀。

去年五月，張元離開東吳之前，邀我去接他的工作，而且替内人在德文系都

安排好了教職，我們反覆考慮了許久，
還是決定留在東海。想起民國六十四、五年
您準備安排我至東吳教課，因我出國
而作罷，真覺得與東吳似有緣又
無緣。

老師 您與師母何時來台灣，請務必
先告訴我們；可以約了葉言都 陳華
沈寶島等再聚一堂，

祝

時祺

胡昌智敬上
一九八七年元月廿日

附翰 70　邢義田 翰

維運師道席：

捧讀手諭，感愧何似。十餘年來蒙吾師不斷督策，此衷心銘感者也。反身自問，一無所立，則又惶恐不已，愧不知以何報　師恩於萬一。

近數年來，於比較歷史稍作嘗試，然欲棄而他顧者再三。如非　吾師勸勉鼓勵，手諭有時而至，論文必不能成。拙文草成之後，嘗謂維紀：「比較歷史，不能再幹」，她欣然同意。蓋她目睹義田日夜苦思，月餘不得一字之苦況。其關鍵不在比較歷史之不可為，而是義田非大才不足以當之。義田天資愚鈍，經此數年，益信。

今接教諭，老師又以比較歷史之傳撰中國通史相期許，自問資才皆難得，吾師期望，然深信今後國史之作，比較眼光必不可缺。回台後嘗有一想，即國內「中國通史」、「西洋通史」之教學或有改變之必要，過去言國史者不及西洋，言西洋者又專注於希臘、羅馬、歐洲，置近東、印度及其他地區之文明於不顧，東西不得會通比較無由得之。今後如能改「西洋通史」為「世界史」，但言不以「西洋」為限，將中國及其他重要文化一以對人類文明累積之貢獻為衡量，以比較為方法，則國史應可於世界史中得一較客觀公正之地位，而學生對人類文明之進程應可得一較完整之概念。胡思亂想，有擾清神，還望恕罪。

P.S. 隨函附上論文結論部分，請 老師指教。

國立臺灣大學
NATIONAL TAIWAN UNIVERSITY
TAIPEI TAIWAN CHINA

回台北已月餘，棲身之處難覓，仍於家父母暫住士林，每週四次往返於士林、木柵之間，耗時費力，亦無可奈何之事。下月或可遷往木柵附近，如有新址，必奉告。這學期仍開「中國通史」及「秦漢史」，教學內容做了不少改變，希望多少對學生有些好處。居處未定，行篋待理，心神仍在飄蕩之中，希望不久即能定心讀書。數日前曾參加一正勝、俊傑在內之研討讀書會，批評討論，態度極佳，收穫亦豐。討論會中多新秀，極為可喜。吾師盍興乎來？專此 敬頌

道祺

生 義田 敬上
十月廿日

綺紅附筆問候師母暨諸師弟妹

附翰71 邢義田 翰

中　央　研　究　院
歷史語言研究所
INSTITUTE OF HISTORY & PHILOLOGY
ACADEMIA SINICA
NAN-KANG, TAIPEI, TAIWAN 115
THE REPUBLIC OF CHINA

維運師道席：

謝老師寄卡，接卡前剛好於中國時報人間副刊見楊聯陞先生稱讚趙翼傳之文。楊先生德高望重，不輕易許人，其以「甌北功臣」許師，足證為老師高興，也為老師驕傲。

楊先生建議不必寫史學全史，僅就吾師不同流俗之特見分別為文。其議固不無可取，惟亦不無可商。生反覆思慮，認為清儒以來，治史多見零金碎玉，少見全盤通說。楊先生本人治學似亦承清人餘緒，長於零篇散議，而少鴻裁鉅製。遺風綿延迄今，不但沒有中國史學史通說，亦不見一部流傳天地的中國通史。廿二史劄記、日知錄識見可貴，史遷通古今之變，成一家之言，以氣魄又豈是清儒所能望其項背？吾師治史學史數十載，於中國史學之特質與發展，自有一套識見，和盤托出，成一家之言，又何遑多讓？

71. 10. 5,000

中　央　研　究　院
歷史語言研究所
INSTITUTE OF HISTORY & PHILOLOGY
ACADEMIA SINICA
NAN-KANG, TAIPEI, TAIWAN 115
THE REPUBLIC OF CHINA

稍假十年之力，通古今史學之變，成百萬言之鉅製，則史學千載之功臣，非師莫屬。書成之日，敬備美酒千斛，此生馨香禱祝者也。學生愚鈍，斗膽陳言，何者為是，吾師自有裁決。

專此　敬頌

道安

生　義田敬上
一月廿日

師母暨諸師兄姊并此問候。

71. 10. 5,000

附翰72 黃俊傑 翰

杜老師尊鑒：頃奉手示，欣聞 吾師埋首於「趙翼傳」及「清代史學與史家」二書之撰寫，為之企盼不已。來日出版，紙貴可期！為甌北立傳鋪張至三十萬言，勤成巨著，並兼論有清一代史學，乃吾等之幸事，非於甌北及清學深造有得者不能為，吾 師此書必為傳記寫作立一新典範，可無疑義。

所囑代查各書，生所得結果奉陳如右：

一、「忠雅堂文集」已找到，但初閱一過，並未發「甌北
集序」，下週全書詳查後另函報告。
二、「王鳴盛」「西莊始存稿」、台大無此書、「西沚居士集」
找到，亦待下週細閱一過，亦將即奉陳、
三、趙懷玉詩集台大未藏，「亦有生齋文集」
已找到並備妥、吾師欲查出其何文，乞
示，俾便遵辦。
總之，一、二兩書待下週詳閱後即可另函奉

綠然、請釋念。

辛酉年僅餘六將、逝者如是、慕蒼翁遽

還化、亦有慕之、誠不能無動於衷也。吾

師近況如何、思慕不已、不知近期是

否返國行之矣、

專此、

敬頌

闔府平安

慧美附筆請安

學生 俊傑 呈

七十六、十二、卅

附翰 73　尹章義 翰

維運師尊：奉讀 師尊十月一日華翰，頗為吃驚。惟這遊日憮，未聞其矣。頃得其實，再讀前翰，奮躍再四，敢修此書為 師尊賀喜。竊以 師尊才學，當世難見，溫文儒雅，正直識体乃衆所周知，以之研究撰文，為當代第一流學者，綽綽有裕；若以之著史，為一代史家，抗懷千古，比美班馬，則惟獨「鬱結」，故「發憤」之作難為也。昔賢論史才，輒以「三長」「四長」繩之，曾巩華以明、道、「智」、「文」為良史所必備，以今日之著述條件而言，師尊諸美盡備。然則，成就一代史家，豈四長皆備即足乎？不然！必「有所鬱結不得其道而通」「而發憤」述作而後可也。此乃 師尊書不忍言，不論及者，而受業深知，缺乏「抗議精神」之史著，必不得廁於一代史學之林。缺乏「抗議精神」

之學者，必不得成就一代史家也。太史公自序、報任安書之言之鑿鑿……，千年來之史學流變歷歷在目。讀 師尊十月一日華翰，為之停擱者以此。「向惡勢力低頭者，既非英雄，也不是君子」。壯哉！斯言。 師尊著手撰「中國史學史」，籌備「中國通史」，是其時矣！以 師尊今日所處之時、地，親歷此波瀾壯闊之時代，撰一「略推三代，錄秦漢」之「中國通史」，豈不宜哉？宜也。歷數千年來中國之變革，為當代留一翔實精緻之記錄 師尊豈可多讓乎？是所至禱。

倉促成文，未經騰錄，請見諒

受業 章羣 敬上

九〇、十、十七、晨

杜老師道席：

自從來水牛城之後，一直惦記着要向老師請安並報告此地的情形，但因生活較忙碌一點，轉眼已過了兩個月，敬請寬諒！

到目前為止，我的日常生活均已安定，而且相當適應。水牛城很冷，氣溫一日之間相差十幾度，衣服穿着比較不方便。現在已是深秋初冬之交，隨時都可能飄雪了。這學期我只選了兩門課，一是"Historical Method in Research"，完全偏重技巧性的，如各種工具書的利用，政府檔案的查閱等等，對研究西洋史頗有些幫助。另一是"Interpretations of European History"，由Dr. Georg Iggers所授，很類似"名著選讀"與"史學史"之間的課程。Dr. Iggers也是我的advisor，平時木訥言談不多，但待人和藹，頗有中國儒者之風。討論課上所提和所回答的問題都相當能把握各史家的內在思想。下學期我可能還要選他的一門independent study，內容是"當代的歐洲史學"。Dr. Iggers對中國史學的問題也頗有興趣，有時會問起，可惜他不懂中文，英文的中國史學史書籍或論文又很少。

老師所計劃寫的中國史學史，是否已經開始？真盼望能早日完成，將來出版問世時，必定又給學術界帶來一陣高潮和好評。日後我在此若有疑難向您請教時，盼能撥冗告知。專此 敬祝

教安

受業 樑楷敬上

Nov. 16, '80

附翰75 黃進興 翰

中央研究院歷史語言研究所
Institute History & Philology, Academia Sinica
TEL 886-2-2782-9555 Nankang, Taipei, 11529, Taiwan, R.O.C. FAX: 886-2-2786-8834

杜老師：

時值多事之秋，心緒雜亂，一時無法定下心來，向老師報告近況。

今年七月，学生僥倖當選院士，其实这已是第三次提名，其实也算不得什麼榮譽。我曾向媒体抱怨台灣人文社會科学人才濟濟，為何老是受到忽視。目前中研院院士四分之三為外國人，頗有內輕外重之虞，應該有所平衡，且不失其水準。其实，就学問而言，非院士的学者比院士高明的人大有人在。不过人微言輕，也只能發發牢騷而已。

年初，北京三聯書店出版拙作《後現代主义与历史研究》的簡体字版。我新寫了一个「序文」，其中特別提到若無老師在大学的教導，这本書日後是無法寫成的，以表对老師的感念之意。老師若有机會返台，當可相聚暢談。

中央研究院歷史語言研究所
Institute History & Philology, Academia Sinica
TEL.886-2-2782-9555 Nankang, Taipei, 11529, Taiwan, R.O.C. FAX. 886-2-2786-8834

敬祝

健康快樂！

請代向 師母問好.

生 進興 敬上
2008. 8. 22.

附翰76 文光翰

維運師：

五月卅一日的來信，使我感覺十分意外和興奮。能夠得到一冊我恨不得一下子就讀的《清乾嘉時代之史學與史家》，尤其令我高興。謝謝你。

維運師，你實在太過謙虛了。我們中國自十八九世紀以來各方面都比洋鬼子落後，即使是在世界史學史上佔最重要的地位、遙遙領先的中國史學，也不例外；推其原因，就是缺乏了方法。或者是没有積極的注意方法。近代中國史學方面，積極的注意史學方法的，大概可推張陰麟為代表，可惜張氏死得太早了。此後從事這方面努力的人，就少而又少了。現在你能在這方面努力，能不令我們海外年輕一代的中國人高興嗎？

《西方史家論中國史學》是我經常在讀的。這本書給我起了極大的啓發作用，引導了我認識到現代世界史學界的行情和中國史學的狀況。它除了上述的優點外，尤其難得的，它是一本拓荒與開風氣的著作，你在書中所表現的創造力，更使我深刻地體會到學術進步之動力的來源，智慧與氣魄的可貴；完無疑已為現代中國的史學界樹立了一新的里程碑。我很佩服、和希望向你多多學習。你可常常給我指導，和容許我做你的學生嗎？

現在我簡署地自我介紹。上兩月，我剛好過了第24個誕生日。六七年前我還沒有讀完英文中學，就不幸地失去了學校教育的機會，要自己找事做，幫助家裡的生活費。現在出入口公司任小職員。雖然对於日常工作我自問盡責，然而却沒有半點興趣。我知道自己並非習商的材料。離開了學校，我就開始自學，零用錢大部分都拿來買書讀，由於沒有老師指導，我只有自己在黑暗中摸索，走了很多枉路，當時讀書很雜，什麼書都愛讀，自己學着做讀書筆記、讀書報告、卡片。經過了兩三年功夫，我開始對中國現代史發生了興趣、找到了治學的道路・於是我開始讀中外文史學方法論的著作，另方面讀中外學者有關中國現代史的研究並蒐集中國現代史、重點在中共党史的第一手材料。這裡最大的、公開的圖書館、研究機構，新書店、舊書店、文物館、路邊書攤，都留下了不少我的足跡。我渴望成為一個有相當成就的research historian。目前我正在集中精神注意和研究中共建党運動史——一九一七—一九二七。我先在這個大題目的範圍中做monograph，深入地去研究，以後再着手做中共建党運動史，跟着還希望將來繼續做一九二八—一九四九的中共党史。另外還要做一本《中共党史研究法》。這些工作恐怕要花去我整個人生的時間了。由於東西方的洋鬼子研究中國問題、中共党史的動機不善，且並不深入，所以我願意在這方面努力，做Chinese Communist Party—的Party—history研究。我願意替未來的中國人保存歷史的真相，替未來一代研究中國共產党史的中國人做開路与舖路的工作。

我深信，只要我們這一代年青的中國人肯踏實做去，中國的史學一定可以趕上、並且超越洋鬼子。我個人有此信心。其他跟我合作研究的青年朋友亦具此信心。

信寫得長了，下次再向你請教其他問題。

這裡隨信附上近作五篇，請維運師批評和指導。

敬祝

愉快。

你的青年朋友

文光

1969.6.15.

附翰77　張榮芳 翰

東海大學歷史學系

維運吾師道席：

拜領　賜贈增訂新版史學方法論與中國通史二書，無限感激。誠如　您提到，生已經許久未曾謁見請安，實是愧對　您，請　您海涵賜諒。尤其捧讀　大著，更佩服　您數十年如一日於學術研究，仰望　您，生更為慚愧，既愚魯頓，亦復疏懶，僻居山隅後，澈底遺世之人，盡在糊口中度過歲月，真不及於　您的萬一。

史學方法論一書，從增訂本每隔數年即

地址：東海大學八八一信箱（大學部）九五九信箱（碩士班）
電話：（〇四）三五九〇二五四（大學部）（〇四）三五九〇二〇九（碩士班）
傳真機：（〇四）三五九〇二五四

東海大學歷史學系

問世，幾乎已和生二十多年前初讀手稿，增加近三分之一篇幅，而增訂各篇更可見您謙謙善善，力陳史學的正面、積極功能，三四十年來每見您新文，涉獵西方最新史學研究方向的風潮，引發如生之後學了解新知，您真可謂引領近數十年史學研究風騷第一人，此絕非生之謊言妄語，可經公評。

中國通史一書既出，相信可為目前中國史市場增添另一佳作，三十年來，有關中國通史教科書，歷史系多以錢賓四先生書外

地址：東海大學信箱（大學部）八八一（碩士班）九五九
電話：（〇四）三五九〇二五四（大學部）三五九〇二〇九（碩士班）
傳真機：（〇四）三五九〇二五四

東海大學歷史學系

多多以傳秀實師書為主，雖則近年不少新著，但未能取代，您此書一出，篇幅、文字、敘述、解釋能適於現今學子，生以為史學、史才、史識，乃至史德，集於一身，您當之無愧。

拜讀您新著，親睹您指示訓勉，慚愧不能自已，敬謹略抒思想，上呈吾師。至盼與您暢飲一番，再聆教誨。謹此

恭祝

暑安

生 榮芳敬上

二〇〇二.五.廿三.

地　址：東海大學 八八一信箱（大學部）九五九信箱（碩士班）
電　話：（〇四）三五九〇二五四（大學部）三五九〇二〇九（碩士班）
傳真機：（〇四）三五九〇二五四

附翰78 戴晉新・馮明珠 翰

輔仁大學文學院

維運吾師如晤：

今天接到老師的親筆信及兩部大著，欣喜何似！慚愧何似！史學方法論自初版以來早已洛陽紙貴，一修再增，臻於完美，生何其幸哉，各版皆有老師的簽名本，既受教誨，復值珍藏。新書中國通史雖尚未及細讀，然其中必有吾師之深意與新義存焉，是固然矣！猶憶您悼念傅樂成老師的文章中嘗論及中國通史的寫作，匆匆逾卅年，傅門弟子似無通史佳構，猶待您來作此擲地有聲之舉，

住址：台灣省台北縣新莊市
電話：(〇二)九〇三一一一一號

輔仁大學文學院

豈不令人感慨與惶愧？中國史學史第三冊各方期待已久，這是八十年代後大陸九十種（除少數幾种例外）樣版中國史學史之外的壓卷之作。吾師著作等身，通史、史學史、史學方法論三絕之外，尚有各種專論、散論，足為一代之史學作見證。生近幾年來忙於行政，一事無成，亦不知何以報老師們的教誨，真是慚愧。

敬候

研安

並候師母、弟妹。

生 晉新 明珠 敬上

二〇〇二．五．廿二．

住址：台灣省台北縣新莊市
電話：（〇二）九〇三一一一一號

附翰79 吳翎君 翰

敬愛的杜老師、師母：

日前收到杜師新書「中國史學史」第三冊，只能以「一統江湖」來形容弟子的感佩之情。老師寫趙翼傳時早已奠定民國大家，此書既出，令天下英雄折腰。弟子想起六十石山笑談五湖四海，应是追隨老師師母二十年來最值得記述之談話。盼杜師旅居溫哥華後，以寫回憶錄勉勵後学晚輩，而非像柯林頓總統一樣等著幫師母開車門（一笑）。

寄上照片數幀，師母雍容華貴，明艷照人，絕对可拍美容美儀之廣告。我頗喜歡那張老師師母行走於山路上居向的背影。明後年找時間去拜訪老師師母。

敬祝

夏安

翎君敬上

附翰 80 劉龍心 翰

老師：

這十多年來的教導，雖然在我博士論文口試通過的那一霎那，暫告一段落；但實際上，在我的心裡，它卻不過是個開始。口試會場上，老師簡短的贈言，非知我最深者不能言，心中的感激和感動之情，絕非當時「一針見血」一句話足以形容。誠如老師所言，西方史學和傳統史學確是我未來最應致力的兩大方向，也只有長年指導我的老師，能一語中的說出學生的不足之處，而這也正是我寫博士論文時，最感亟待加強之所在。

多年來，老師寬厚的為人和勤勉向學的態度，一直是我做人求知的重要指標，老師的鼓勵和諒察，也始終是我得以悠遊於史學史天地最大的動力來源。不少人曾經勸我從事較熱門的研究領域，但我始終相信由史學觀念變遷最能洞察歷史的一個視角，而這些亦全由老師處得到啟發。因此不論未來如何，我非常珍惜且懷念這段在校和老師相處、請益的日子，更希望未來老師仍能不吝指正我的一切。趁此佳節寄上對老師多年來表的謝意和祝福。 學生 劉龍心 敬上

[illegible]

附翰81 宋秉仁 翰

夫子大人道席尊前　弟子宋秉仁敬叩稟安賀恕牽稟萬懇

原肯頃學兄林君煌崇告知　新著史學史業經刊世乃

急購伏讀未及終卷而再四佩嘆　大道之彌高且堅體大

思精非前人泛作可比衡決網羅又豈等閑迂儒能追立功立言

賓僖夫子是賴　生撫卷追昔舊日親炙課室如沐春風如

沾雨露今展讀　力作不禁淚梗氣咽蒼天憐我像何遙

沾遠沐感頌曷極　生畢業離校二載有餘家變接踵

命至文薮弟蹶難於措手　生復身罹險疵幾瀕於死每

憶　夫子言談指導愈欽笑語既漾生命之堅韌又讚

學力之淵沉雨猢之中湯藥之餘隱忍懷死求生之志

夫子恩澤非筆寸能道萬一今
弟子殘餘之軀偽食南港
乃能得游
夫子之學亦何幸也持管陳辭非溢非諛
實僅欲述感念之忱而已
生自知庸矣惟望
夫子不棄
知之肅此恭請教祺翹盼全書之成士林幸甚學界之福、

弟子
宋秉仁敬謹再拜
嘉平之前五日、

附翰82　牟復禮　翰

F. W. MOTE
7 MC COSH CIRCLE
PRINCETON, N. J. 08540

October 22, 1984

Mr. TU Wei-yun
History Department
National Taiwan University
Taipei

Dear Mr. Tu:

My wife's cousin, Betty Wei [Liu] telephoned us this morning from her home in Oman, and in passing mentioned that you might be planning to visit Princeton sometime during the current academic year. She suggested that a letter like that enclosed here might assist you in making your arrangements, so I am sending it herewith.

I have long been a great admirer of your scholarship, and I have recently received two books of yours that add further to my admiration. My thanks to you for sending them to me. Both the biography of Chao Yi and book on Ch'ing period historians and historiography are of the greatest importance in teaching students why they must become deeply familiar with Ch'ing period critical scholarship.

We have a number of mutual friends who have long told me that I would benefit from knowing you, and from discussing scholarly problems with you. Should you ever be able to include a visit to Princeton in your travels, I hope it will be when I am in residence here. If I can be of help in arranging that, please let me know.

Meantime, with all good wishes,

Sincerely,

Fritz Mote

F. W. Mote

Princeton University EAST ASIAN STUDIES
211 JONES HALL
PRINCETON, NEW JERSEY 08544

October 22, 1984

Mr. TU Wei-yün
Chinese Department
HongKong University
HongKong

Dear Mr. Tu:

My colleagues and myself here at Princeton have been hoping very much that your plans for your leave year would include a visit to this country. On learning that you might be spending at least a part of your year in Taipei, I am writing to you now to make inquiry about your plans. As reported earlier, we will be very happy to extend to you the status of visiting scholar, with all the courtesies of the University, if you can include a visit to Princeton in your itinerary.

I have recently received a copy of your new book Ch'ing-tai shih-hsüeh yü shih-chia (1984) and am eager to read it carefully. My initial impression is that this will supersede your earlier book Ch'ing Ch'ien-Chia shih-tai chih shih-hsüeh yü shih-chia which, since its appearance in 1962, has been a required reading in my historiography seminar. The new book will add further depth to that seminar, which relies so heavily on your various writings in the field. I should also mention that we have had several discussions here on your recent Chao Yi chuan; this biography of the great poet and historian is becoming an important monument in the field of Ch'ing history, and is a model of its type of critical biography.

What sort of research projects do you have underway now? We have several projects underway now at Princeton on which we would be glad to seek your advice, if you should visit us. One is a critical bibliography with abstracts of an important collection of rare books in our Gest Oriental Research Library. The young scholar in charge of this work is most eager to meet you and to seek your advice with a number of issues in critical historical scholarship.

Your good friend Professor Denis Twitchett is now in Japan, and will go on to England for the winter holiday, but will be in residence here at Princeton during the spring semester. I am sure he would want me to extend his greetings to you. I will be in residence until about the beginning of June, 1985, then will be away for half a year. Please let me know what I might do to assist you in making arrangements for a visit to Princeton, if your schedule permits that.

With all good wishes,

Sincerely,

Frederick W. Mote

Frederick W. Mote
Professor

附翰84 牟復禮 翰

Dear Prof and Mrs TU:

We are very happy to receive your beautiful card from Taipei, and the enclosed photographs. We remember with great gratitude the marvelous dinner at your HongKong home last February.

I very much enjoyed your article "初訪劍橋" in 歷史月刊 (第十一期), and look forward to reading more of your superb historical writings. Your books and articles on historiography have been my guide in Chinese scholarship for many years.

My wife joins in warm greetings and good wishes to Mrs Tu and yourself,

Sincerely,

Fritz Mote

And warm wishes for
a beautiful Holiday Season

P.S.
We now live in retirement in Colorado, but will spend March – May at Princeton.

F. W. MOTE
P. O. Box 27
Granby, Colorado
80446 USA.

註釋：

❶按錢鍾書先生此翰，根據信封郵局所蓋印章，係於一九八三年四月二十二日發出。

❷曾約農師此翰，約於民國五十五年至五十六年之間寄來。

❸陳立夫先生主譯李約瑟著《中國之科學與文明》，我譯其中〈準科學與懷疑傳統〉一章。

❹秦孝儀先生此翰，約於民國九十年以後寄來。

❺留英期間，曾寫〈劍橋大學的講座制度〉一文，寄《中央日報》發表，社長曹聖芬先生親筆來此翰，並贈閱《中央日報》航空版，自此與《中央日報》結下不解之緣。

❻張芝聯先生此翰，約於一九八九年至一九九〇年之間寄來。

❼陳訓慈先生此翰，係於一九八九年六、七月間，由宋晞教授轉交。

❽我做《廿二史劄記》考證的工作，係在牟潤孫師指導下進行；研究歷史，也自此開始。惟潤孫師於民國四十四年離台大赴港，我在台大，每藉通信，請教史學上的問題。民國五十二年我所發表的〈清盛世的學術工作與考據學的發展〉（《大陸雜誌》第二十八卷第九期）一文，即出於潤孫師的指導。謹刊其原翰，以明真相。

我寫〈清盛世的學術工作與考據學的發展〉此文，是為申請國家長期發展科學委員會的補助，匆匆一年寫成（限定一年交卷），資料蒐集不全，致不理想。其後亦未作修訂。大題目小寫，有愧師教。

❾ 國立長白師範學院英語系于希武師中英文皆佳，書法亦美，來台後任教省立工學院，時賜翰教誨，寓勉勵於稱美，感人至深。